花仙療癒占卜卡

張元貞◎著

42張花仙卡＋書＋
花精音樂QR CODE＋絨布袋

Contents 目錄

【推薦序1】

認識宇宙親善大使——花仙

　　我很喜歡開車時聽廣播，其中我最愛在週二的下午三點聽張大春老師及孫維新老師（台大天文物理系教授，時任台中科博館長）談天說地。有一次我聽到這兩位老師談「阿凡達」，其實就是談外星生物的環境與其可能，其中就提到了外星植物的顏色。

　　地球上植物的葉子大多是綠色的，因為這些植物需要光線中除了綠色的其他光能，而反射了綠色，那麼外星球的植物難道一定跟地球一樣嗎？答案當然不會是肯定的。也許有與地球相同狀況的星球，也許有的星球有黑色葉子的植物，因為需要光譜中所有的顏色成為光合作用的能量；也許會有白色葉子的植物，因為不需要光合作用；也許有植物葉子全是紅色的星球；甚至也可能會有狩獵行為的植物，而生物或許正好是其香甜的美食。

　　然而，我卻相信各星球的花或許不一定跟植物的葉子一樣有著相同顏色，卻必定會有其獨特的炫麗色彩及曼妙花形，這似乎就有了全宇宙的共通性，也就是不受植物本身的色彩影響，而有其自由自在變化的特性。

　　因此，花的能量就有全宇宙的共通意義！說花代表著全宇宙

的親善意義並不為過，而花仙就是全宇宙的親善大使了。

我是位占星學家，也很擅長塔羅牌，而我又是學電子及錄音工程的，因此我用邏輯來解說命理。上過我的塔羅課的學生都知道，他們的老師喜歡說故事，喜歡將每張牌的哲學及圖案與邏輯用故事說出來。而我喜歡這套《花仙療癒占卜卡》的原因，也正是書中動人的故事！

因為一個故事能讓我們更了解塔羅牌的歷史及背景，也讓我們從中得到體悟與省思，更可藉由一個故事的結局，讓自己作出選擇與抉擇。

當我一口氣看完這本書時（這是寫推薦序的最大好處，可以提早看完全部著作！），看到的不只是花的美麗，也不只是這套書及占卜卡能為我們的心靈帶來多少的療癒力量，而是看到了全宇宙無私的和諧與能量！

這些花仙不要求回報，他們就是無私的奉獻，就算自己逝去了，也有其他的花仙再接續工作，並且同樣無私的付出。

我常會替朋友看看生活環境或是工作環境的能量，有時在來不及改變一個環境的負面能量前，會先建議以植物來處理，這不僅能夠達到阻擋負面能量的作用，也可藉由植物生生不息的強大力量改造環境。儘管植物有時會因為無法平衡環境中的負面能量而逝去，但當新的植物到來時，依舊會向著宇宙的方向舒展身軀，來證明自己的無私與奉獻。當世界毀滅後，植物永遠會第一

個重生並伸出枝芽。

　　我很高興也感到無上榮耀地寫這篇推薦序，畢竟並不是有那麼多人有這樣的機會，可以推薦全宇宙的親善大使——花仙，讓大家認識。我相信靈魂是超越時空的，而我們的靈魂一直有著強大的超越能量。雖然在穿越時空及不同形態時，可能會有損傷，但我相信透過《花仙療癒占卜卡》，可以讓我們的靈魂再度充滿能量，並且增強對宇宙無私和諧的認知，使我們的靈魂再度穿越目前形態飛向宇宙時，不會感到傷痛與孤單，甚至是更為圓滿。

　　祝福所有的一切，也祝福全宇宙的親善大使花仙們，不論你們在什麼星球上！

星星王子

【推薦序 2】

因為花仙，讓我們重新認識自己

　　能欣賞花的人，與欣賞名牌精品的人有何不同？精品的巧妙設計提高了我們外在表象的品味能力，花朵則提升我們的內在氣質。藉由看見一朵花，我們感受天地的溫柔美好，一層層的花瓣蘊藏著生命熱情的奔放張力。看見花，你會笑；看見花，你也許會落淚；看見花，你也有可能覺得激情洋溢。

　　兩年前的一個晚上，六歲的大兒子為我上了一課，他看著餐桌上的一朵白玫瑰，與我分享她的香味與美麗，突然問我：「媽媽，如果世界上沒有花，會變成什麼樣？」在我的心中，從未想過這個問題。「世界上怎麼會沒有花呢？」我反問孩子說：「你告訴我，如果世界上沒有花，會變成什麼樣子？」他說：「如果世界上沒有花，就沒有蜜蜂和蝴蝶。」我繼續問他：「如果世界上沒有蜜蜂和蝴蝶，又會怎麼樣？」他回答我：「如果世界上沒有蜜蜂和蝴蝶，花就沒有後代了。」我緊追著問他：「如果花沒有後代，世界又會怎麼樣呢？」他說：「花沒有後代，世界上就沒有果實。」我吸了一口氣問他：「如果世界上沒有果實，又會怎麼樣？」他倒是很輕鬆的回答我說：「如果世界上沒有果實，

就沒有人類啊！」

　　花朵不僅帶給我們內心靈性的感動，更為我們帶來生存的一切。我們欣賞花時、呼吸新鮮空氣時、日常三餐進食時、坐在桌前打電腦時……，可曾想過這一切都是理所當然嗎？我們該理直氣壯的說：「人類是宇宙的主宰，這一切為我們而生。」我們是否想過：「當世界上沒有植物、沒有空氣，人類只需七分鐘就滅絕了。」而植物能從我們身上得到好處嗎？我們砍下百年神木做為棟樑，摘取山中的奇珍異草帶回種植，因為這樣可以獲得金錢。植物的根莖葉花果實，是我們日常生活不可缺少的營養來源與藥材。我們寄生於植物界的幫忙而得以延續生命，但植物界又能從人類身上得到什麼呢？

　　我從小就非常愛花，不論是路邊的小花，還是花園的玫瑰，甚至二十歲時，立志要嫁給開花店的男人。學校畢業後，第一件事情就是去學插花，因緣巧合之下，認識了教插花的代課老師。這份由花牽起的因緣，自然是由花來安排。二十年來，我時時刻刻與花在一起工作、生活，從單純的喜歡花，跟花說話，到用花來設計一場場令人感動的場景。花對我而言，就像靈魂的一部分，我聽不到她的話語，她卻對我體貼溫柔。我常半夜想起明天要用的特別花材，卻疏忽忘了訂購，沒想到第二天我到花市時，卻看見想用的花已來到花市。剛開始我還自以為我與花之間有特別的默契，我請她，她就來了。後來想想，其實早在我想到她

前，她就已經在往花市的路上了。是我請她來的嗎？應該是她的靈動召喚我以她為設計主軸吧！

我不斷的問花：「妳除了教我欣賞妳的美麗外，還有其他訊息要告訴我的嗎？」我內心不斷的問花朵這個問題，而她終於聽到我的呼求了。一天午後，我認識了元貞。因為元貞的帶領，我對自己的人生使命更加清楚。有了花仙的訊息，我更清楚這二十年來，花朵如何地教導我在做人處事上圓融，訓練我的耐力，照顧我的健康；以及為何花朵的展現，能讓新人和父母在婚禮中落淚；為何我手中的花，能為人帶來感動與快樂。

看見元貞的花仙手稿，我是非常感動的。花仙不僅無怨無悔的提供人類實質生活的一切需求，其溫柔與堅定的信念，更引導我們生命內在的療癒。我因為花而改變自己，不再抱怨，不再因世界的不公而忿忿不平，我學習了對待一切甘之如飴。如果沒有花，我找不到原來的我。

祝福《花仙療癒占卜卡》協助更多人找回自己原來的面容，以及內心的方向。而這一切都是因為「愛」。

高意靜

克莉絲汀國際有限公司　創意總監

作者序

人的長相各有千秋，個性更是南轅北轍。看見洋人，只覺得他們長得都差不多。人類看植物有點像我們看洋人，都一個樣。但是，仔細觀察，即使是一束紅玫瑰、一棵樹上的杜鵑花，每一朵可都不太一樣。有的花瓣大，有的小。每一朵的花蕊，大小、分布都不同。不同種類的花，不論顏色、花型、花序，甚至花季也各異。

人總是跟動物較親近，因為動物會動，有視覺、味覺、嗅覺、觸覺、聽覺，五官俱全。植物雖然也是活的，卻少了這些條件，讓人很難親近。人可以看看植物、摸摸植物、聞聞植物、嚐嚐植物，甚至聽聽植物，但都是單行道，再怎麼跟植物親近，也都沒反應。不像小狗、小貓，抱抱牠們、摸摸牠們，牠們會很開心；挨罵了，還會不好意思。

可是，植物也有感覺，對人類也有超乎我們能想像的貢獻。

現代人因為生活型態，與自然界離譜的脫軌，造成個人生命的失序，繼而產生身心疾病，卻鮮少在傳統醫療的體系下，得到完整的慰藉與療癒。然而，我身邊曾有位罹患憂鬱症的朋友，竟單靠栽種植物就治癒了自己；她以個人經驗證明了：植物除了是

人類物質界重要的供應外，也含有一股超脫世俗的能量。

《當下的力量》（*The Power of Now*）的作者艾克哈特・托勒（Eckhart Tolle），在他的新作《一個新世界》（*A New Earth*）中，就以花朵對人類意識進化發展的貢獻爲起頭：「他們彷彿是從另外一個領域來的信使，是有形世界和無形世界間的橋樑。他們不但具有令人愉悅且優雅的香味，同時也帶來了心靈世界的芬芳。」艾克哈特充滿覺性與感性的文字，透露出現代人的枯竭於身（有形）與心靈（無形）的分離，而我們其實能夠藉由花朵散發出自由穿梭於這兩種境界的頻率與訊息，拉近彼此的距離。

受到 Deva Satya 的請託，我把植物界的點點滴滴寫了下來。在植物界，有他們的一套規矩。有的花仙子地位高，有的地位低，不過，他們各安其位，不爭風吃醋，也不相互鬥爭。從這些植物朋友的身上，或許人類也可以看到自己的影子，進而更了解自己。這些朋友告訴我，他們是來幫人類的。希望今後人類接觸到植物時，會有跟老友重逢的感覺，而不只是讚嘆神木有多長壽、玫瑰有多漂亮了。

占卜卡圖的來源及製作過程

這部揭示植物訊息的著作，是我多年受惠於植物界的協助下，希望能夠爲植物貢獻的一份心力。著作中除了說明特定植物的訊息之外，也以容易親近讀者的占卜卡形式呈現。在製作占卜

卡的過程中，我先以簡單手繪的方式，一一描繪並記錄每位植物守護神祇的特徵（如附圖是火鶴和夾竹桃的手繪圖）。我不是藝術家，要用畫作完美呈現出植物守護神祇的特色，需由更專業的人來完成。於是我們找了多位台灣年輕藝術家，請他們在著手之前，祈求花仙子給予靈感。有些畫家只能畫出一幅，有些花仙的特色如牡丹，前後歷經四位畫家才傳神的展現出其特有的風貌與能量。占卜卡上花仙子的眼神、微笑、坐姿都經過多次來回的溝

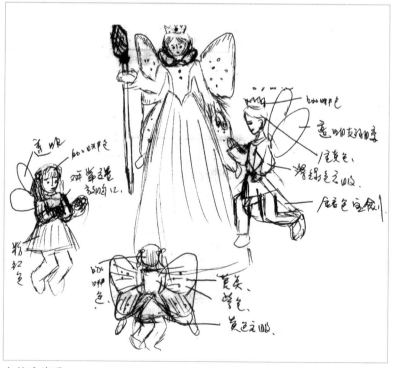

火鶴手繪圖

通，歷經一年多的時間完成四十二張牌卡。

　　書中詳細敘述了四十二種花仙的特性，以及他們所要傳達的訊息。牌卡操作簡易，讓每位讀者都能輕易了解自己的狀況，以及個人問題的癥結點。

　　書中內容所採用的 Deva Satya 植物訊息能量系統，也擁有相對應的花精與音樂，協助我們啟動療癒；其花精和音樂，是來自宇宙星光芽種子的植物訊息頻率以及音頻。透過 Deva Satya

夾竹桃手繪圖

下載花仙子所傳達的訊息以及音頻，讓植物界能夠以此種方式，為人類帶來不受污染以及純淨的植物治療能量，同時也提供靈性與能量治療上的另一種選擇。《花仙療癒占卜卡》也成為植物界協助我們的另一種方式。使用者在過程中，也因為與植物連結的意願，而能從中接收到他們的療癒能量與智慧。

謹以對宇宙和植物的感謝，希望藉此療癒占卜卡，讓更多人能夠體會各種自然療法的相互結合，喚起人類對大自然與植物以及個人的重新認識，彼此能夠更緊密的連結。

1 與 Deva Satya 的相遇和傳承

在芳療界從事治療與教學的十八年經驗中，我經常在自己與他人身上，目睹植物芳香分子——精油的神奇效果。我平時也接觸各種自然療法，也在多年從事身心能量的治療工作後，讓我擁有了三位精油寶寶——三個可愛的女兒；但真正開啓我對植物更深層療效認識的，是在接觸花精之後。在使用精油多年後的某一天，突然有感於植物對人類的幫助，而感應到植物一定覺得人類總是說得太多，因此希望用無言的方式，以自身的能量協助世界。第一次被植物感動的經驗，讓我更加深對植物能量的興趣。在大學教授課程時接觸了花精，記得第一次握住百合花精時，腦海中明顯浮現出百合的形體，當下即體會到，百合希望透過回到心輪幫助他人的感受，眼淚在當時的感動中，不自覺的淌下。這次經驗開啓了我對各系統花精的研究與授課，也因此讓我萌生推廣花精治療的想法。

多年後，到澳洲上音樂治療時，與 Deva Satya 的相遇，改變了我往後的人生。Deva Satya 就字面上的意義，是「上天的真理」。她因爲曾接觸各種自然療法，加上個人生活的修行，在澳洲藍洞接收到來自植物守護神祇的能量，而成爲和植物界的溝通管道；她知道那裡是許多植物精靈的居所，但植物界的精靈並不希望人類打擾太久，因爲那會破壞他們的環境。由於這次的相遇，來自植物界的精靈希望她能協助傳遞植物界的訊息，推廣此能量治療系統並協助眾人。Deva Satya 起初並不願意傳遞這來自

上天眞理的植物訊息，但透過宇宙植物界花仙的說明後，終於知道爲何現今需要訊息能量花精的存在。Deva Satya 對我解釋，植物守護神祇——花仙告訴她，花精分爲實體植物萃取的花精和訊息能量花精兩大類。未來地球會因爲各種污染和環境的破壞，而讓植物的頻率以及能量受到影響。但宇宙植物的高頻能量卻不會受到輻射、電磁波等的破壞。能夠下載宇宙訊息的能人，可以接收到來自宇宙植物星光芽種子的訊息頻率，所接收的頻率也是最純淨不受污染的能量訊息，最初地球上的植物也是由此頻率生長而成。這讓她願意將自己視爲能量的管道，下載此完整的花精系統。

和 Deva Satya 相處時，總是被她老靈魂的特質所吸引，與她交談，更能夠學習及聆聽到許多人生的哲理。從相識、相知到相惜的過程中，她希望我根據心理、精神專業的背景，從科學的角度去證實無法透過常理解釋的臨床現象。Deva Satya 因個人身體狀況、身分與年齡因素等諸多考量，而將植物療癒系統的教育推廣重責交付給我。這份沉重的使命與殊榮，讓我開始著手這份重要的工作。

在了解心理學大師榮格（Carl Gustav Jung）以心理、精神領域的專業，加上個人曾經有過的神秘經驗，治療好更多的精神心理病患時，我了解在未來能量醫學的世代中，靈性治療將可以協助更多患有身心疾病的人。眞正的療癒需要結合許多能量治療，

而 Deva Satya 訊息能量花精，正是目前訊息能量花精系統中，擁有光頻、音頻、植物頻率、針對脈輪治療的花精。

　　就在 Deva Satya 傳遞植物界給人類的訊息之際，我詳實的記錄並實際體會這四十二位植物花仙所給予的訊息及幫助，過程中，不時承蒙他們即時的支持與協助。在寫下這些花仙子訊息的過程中，最讓我感動的是，花仙們總是在我面臨各種生活上的困難及考驗時，為我現身說法，告訴我祂們所要傳遞的訊息和使命。記得有一次，當我和朋友爭論世上沒有真正的情愛時，隔天梔子花仙就讓我了解到愛情真正的意義，以及梔子花象徵著堅貞愛情的訊息，要我相信確實是有堅貞的愛。我起初不知道有這種植物，一直不確定是否真的如此，之後我把來自梔子花的訊息，告訴有多年教授插花經驗的郭大哥時，他告訴我在西方，長久以來，梔子花確實是新娘捧花的重要花材，因為梔子花正代表著堅貞的愛。

　　就這樣，發生了許多類似接收花仙植物能量訊息的經驗，我才慢慢發現，周遭的朋友代表著不同的植物能量。例如，在記錄白牡丹花仙子訊息時，我一直覺得白牡丹和我開婚禮顧問的友人，性格實在太相似了，而且她在介紹公司的型錄封面上，正是使用白牡丹作為婚禮顧問公司的象徵。之後，我陸續發現，原來許多從事和植物能量相關工作的人，都可能曾經做過花仙，帶著不同的植物能量來到人間，以每個人不同的生命經驗，傳遞花仙

守護的這份療癒能量，而他們的生命目的就是在協助世界。

在這本花仙能量療癒書初步完成時，我也開設了訊息能量花精的相關植物療癒工作坊，反應相當熱烈。記得第一次上蓮花工作坊，我們順著能量流讓蓮花仙子 Kotustry 協助大家時，許多人都掉下了眼淚。印象最深刻的是一位同學，上完課後，多年的精神疾病及心理問題都得到了療癒，不斷聲稱打從課後，便覺得喝的水都是甜的，目前身心能量都一直在持續改善中。她的家人也非常感謝我，因爲如此，她的家人和朋友都希望能上一系列植物療癒的工作坊。在另一次課程中，有位同學很想知道蓮花仙子究竟長得如何，還有以何種方式幫助我們，而特地來參加此次課程。我允諾大家，未來一定很快會有一本圖文並茂的花仙植物療癒書及占卜卡。

我很感謝花仙爲我帶來的這些訊息，也很感動植物對我們的幫助，讓我知道植物除了透過物質界的能量，例如花草、樹木來幫助我們之外，其實也透過花仙不同的心靈療癒能量，傳遞來自靈性世界的訊息，藉此協助我們得到靈性的療癒。我希望以此份對植物的特殊情感和熱忱，砥礪自己完整的呈現植物界爲人類帶來的治療，不負所託。

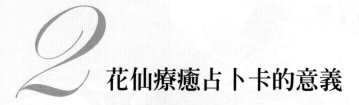

2 花仙療癒占卜卡的意義

自古以來，地球上的各個民族都承接了來自宇宙的植物能量，並藉由身邊的植物體驗生命；同時，也在日常生活中應用它們，這是植物界的部分貢獻。然而，植物的友好並不僅限於此。

在宇宙的植物能量世界裡，每種植物都有其守護的神祇，因為能量層次與貢獻上的差別，他們會以不同的身分與階等，維持植物能量世界的秩序。這些守護神可統稱為花仙，當中包含了花仙皇后、花仙長者、花仙子與花仙王子。

每種植物的花仙都帶有宇宙能量次元空間的高頻訊息，對人類發揮不同的作用與療效。花仙的訊息與能量，可以幫助人們檢視自己是否走在生命（靈性）的道路上，並支持他們完成使命，是幫助人類提升自我的另一種方式。除此之外，花仙也透過與精靈的合作，一同守護地球上的植物。

在祈求花仙的協助時，必須帶著虔敬的心，與植物的守護神祇連結，請求花仙帶來療癒個人的訊息。你或許會需要片刻的寧靜，讓自己回到內心。接著，說出個人的需求或問題，花仙將會以正面的方式回應你。當你與花仙在連結上有困難時，可以播放隨書附上的花精音樂 QR code，更快的利用音頻讓他們知道你的需求，同時藉由花仙音樂的能量得到治療，這會是另一種直接的正面影響，有助於你的療癒。

當你需要被治療時，只要以一顆開放柔軟的心，接受來自宇

宙大化的顯現，植物花仙的能量便會為你帶來實質的改變與幫助。而花仙在療癒人類的同時，其實也成就了自身的使命，這是宇宙間恆長不變的定律。

有些人也許會在得到花仙療癒後，找到與個人特質相映的植物花仙能量，如此的徵兆常極為明顯。或許你會感覺自己或他人具有某位植物花仙的特性，這也代表此人同時具有這位花仙的療癒能量。你可以幫助他人，同時你也是植物界花仙的一分子，具有在現世傳遞花仙訊息與治療的本能。你可以參與植物花仙的相關治療工作坊，運用此花仙的植物能量來強化自己，同時也可以讓他人得到幫助。透過花仙及精靈的協助，也許你會發現身旁有許多人都是帶著使命的花仙，在現世以植物能量的特質，正走在個人的生命道路上。

讓我們一同尋找現世的花仙，攜手共同和花仙們幫助眾人，改變世界。

3 花仙療癒占卜卡使用說明

在使用占卜卡前，先讓自己回歸內在，與個人的高我連結，同時祈請花仙的協助。你可以用兩手握住占卜卡，將慣用的那隻手放在牌上，以感謝和祝福的能量淨化牌卡。接著，冥想宇宙光與愛的能量注入牌中，並且讓接收到的正面能量賜福給相關的人、事、物，感謝花仙帶來的訊息與療癒。

接下來想著你的問題並開始洗牌。洗完後將牌攤開在桌上，從中選出三張。第一張牌代表的是你目前的問題，第二張牌是解決的方法，第三張牌則是問題的結果。在解牌的過程中，花仙會協助你與自己內在的植物性格作連結，幫助你釐清問題，看穿真相。

當你需要透過花仙協助自己面對問題與療癒時，可以將抽出的三張牌以雙手交疊的方式放到心輪上，想像自己在光和愛中接收到植物的療癒能量。或者，你也可以使用相同的花精或音樂幫助自己與他人。

使用「花仙療癒占卜卡」時，最好讓自己的身心處於平靜的狀態，你可以透過冥想白光讓自己回到當下，同時也可以使用書後附贈的祈請花仙音樂──〈歡慶〉，幫助你靜定，這將有助於花仙能量訊息的接收並啟動療癒。

你可以使用隨書附贈的絨布袋來保存「花仙療癒占卜卡」，或和白水晶共同存放，增進自己與花仙的連結，並從中得到療癒。

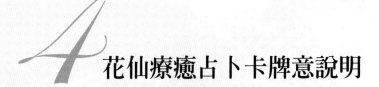

4 花仙療癒占卜卡牌意說明

花仙療癒占卜卡帶來了花仙們要傳遞的訊息，牌面上的圖案呈現出每位花仙個別的療癒特質。當你與花仙連結時，就能喚起內在的療癒本能，回歸自心。花仙的能量也透過其所守護的植物來呈現，所以在日常生活中，你可以利用實體的植物，協助你連結花仙的療癒力。

當你運用個人直覺回到光和愛中時，花仙將能協助你得到不同的幫助。以下是每張花仙牌卡的植物訊息。

花仙療癒占卜卡之植物訊息

序號	花朵中文名稱	花朵英文名稱	牌名
1	玫瑰	Rose	愛的整體秩序
2	紫金花	Hanadaikon	完成內在溝通
3	白牡丹	White Peony	療癒內在女性面
4	罌粟花	Poppy	覺醒與重生
5	蓮花	Lotus	清淨、平等、愛
6	百合	Lily	淨化、祝福、原諒
7	蘭花	Orchid	與神性連結
8	非洲鳳仙花	Red Impatiens	生命行動力
9	紫羅蘭	Violet	清除執念
10	七里香	Orange Jasmine	決斷力
11	紫陽花	Hydrangea	看清慾望本質的能力
12	孤挺花	Amaryllis	堅持對的生命道路
13	山茶花	Camellia	面對問題，克服困難
14	火鶴	Anthurium	個人的獨特性
15	夾竹桃	Oleander	豐富內在

序號	花朵中文名稱	花朵英文名稱	牌名
16	水仙	Narcissus	展現個人力量
17	雞冠花	Cockscomb	堅持自我信念
18	油桐花	Tung Tree	找回生命的節奏
19	馬纓丹	Lantana	勇敢面對生命
20	金盞菊	Calendula	回歸自我中心
21	蒲公英	Dandelion	生活的修行者
22	梔子花	Gardenia	堅貞的愛
23	秋海棠	Begonia	希望與關懷
24	銀杏	Ginkgo	療癒心靈
25	長春藤	Ivy	穩定和諧的力量
26	波斯菊	Cosmos	包容與勇氣
27	朝鮮薊	Artichoke	付出與關懷
28	九重葛	Bougainvillea	自我生存價值
29	芥蘭花	Mustard Flower	為生命帶來希望
30	金銀花	Honeysuckle	不畏艱難，完成使命
31	鳳凰花	Flame Tree	對生命信任與熱忱
32	岩蘭草	Vetiver	穩定的生命力
33	橙花	Orange blossom	寧靜之美
34	雛菊	Daisy	淨化與轉變
35	杜鵑	Rhododendron	開啟宇宙溝通管道
36	鳶尾花	Iris	生命流動之水
37	藿香薊	Flossflower	釐清生命目標
38	桔梗花	Chinese bellflower	相信真理的存在
39	朱槿	Hibiscus	樂觀進取、積極面對
40	橡樹	Oak	穩定內在男性力量
41	雪松	Cedar Tree	回歸、淨化、向上提升
42	百聖薊	Holy Thistle	傾聽者

玫瑰
Rose

愛的整體秩序

在光中帶來愛的連結，當你回歸愛的正確位置時，就能找回自己的力量。

玫瑰花仙 Geree* 的訊息

　　宇宙當中存在著一種秩序，主宰所有的星辰及愛的運作。在地球上，玫瑰則協助人們維持這樣的秩序，讓愛能夠透過家族的架構流動。

　　愛的傳遞仰賴一種上對下的互動關係，自古呈現於皇族的倫理當中。古代君對臣、父對子、兄長對弟妹的關愛，高貴而優雅、包容而含蓄，得體的應對及分寸的拿捏，是一門需要修習的

---

* 每位花仙都有各自的名字。

愛的藝術，也是目前社會急需要的一份能量。如何將國家、社會、家庭藉由這份愛去維持及展開的秩序，將會是玫瑰可以帶來的能量。雖然有時彼此的感情只能意會不能言傳，但卻細膩的維持了人與人之間愛的交流。

在愛的秩序中，居上位者之尊貴不在其崇高的地位，而在於他以一顆包容廣大的心承擔起宇宙光與愛的傳承者，願意擔負承上啓下的責任，傳遞來自上天內化而穩固的力量，延續整體及家族中愛的迴路。

當今宇宙與個人能量上的混亂，與愛的失序極爲有關。當你感到疲憊、對生命提不起熱情時，就代表你需要重新檢視自己的定位，以及在家的能量場上的失衡，是否脫離家族中正常的位置，承接了屬於別人的責任。脫軌造成的能量斷層，會使一個人無法展現自己的力量。

一個人在愛以及家族秩序混亂時，可以向玫瑰花仙祈求，玫瑰的能量將協助你回到愛的軌道和歸位。一個人唯有在回歸自己愛的生命之流時，才能發揮個人之於整體的能量價值，並散發出生命眞正該有的高貴。

紫金花
Hanadaikon

完成內在溝通

承接來自光中的能量，連結個人
的高我，喚起自身的內在力量。

紫金花仙 Blaiger 的訊息

　　紫金花是毅力與堅持的象徵，有著屹立不搖的能量，協助人
們不忘初衷，找回自我，透過面對生命的挑戰，平衡自己的內在
力量。人們在透過喉輪的表達及眉心輪的靈視力，去連結個人高
我，並且傳遞自己的想法時，必須藉由承接來自白光中的能量與
自己及他人的溝通來完成，因爲意念及看法若要以較具體的方式
呈現，就必須靠語言，而藉由溝通完成觀念思想的傳達，喚起自
身的內在力量，也是轉換生命能量的重要關鍵。

　　紫金花具有很好的表達能力，這來自於清晰的思路，其展現

的專注力主要源自流暢的直覺感應能量。紫金花可以在不斷的表達與溝通後，更清楚與堅定自己的生命道路，因此紫金花具有很好的演說特質及說服力，透過這種方式可以協助眾人完成內、外的溝通，克服表達上的障礙，展現自我並重新找回生命的動力。

當一個人無法和內在對話時，將會失去和高我的連結，也意味著你和外在的失衡，會導致身心的分離，並容易出現與他人互動的困難、溝通障礙及人際關係的問題；因此紫金花可以協助人們，藉由溝通來落實想法，這是紫金花帶來的守護能量。

當你需要紫金花的植物能量時，意味你正需要開啟溝通的管道，和內在進行連結，並回到眉心輪的靈視力，而在集中意念後，找回真正的自我。但有時太過於重視靈視力的開啟，而忽略了透過溝通所帶來的學習，以及自身需要的改變時，可以讓紫金花的能量協助自己。這也代表你需要完成內在的溝通並進行生命的改革，如此的轉變將會實質為你的生活帶來改變。現在是調整工作方式、生活習慣、思維模式及行事作風的時候，此時的變動能讓你找回生命的源頭，也為生命帶來不一樣的新風貌。

白牡丹
White Peony

療癒內在女性面

回到柔軟的內在，啟動療癒力，
就能化解所有衝突。

 白牡丹花仙 Sinnery 的訊息

　　白牡丹傳遞來自上天悲天憫人的訊息，並以不屈不饒的戰鬥力，發揮個人的力量與創造力。然而，如何回到柔軟的內在，啟動療癒力是白牡丹所帶來的特質，白牡丹同時也擁有女性應有的溫婉特性，其不疾不徐的穩定步調，散發出高貴的氣息，而特有的行事作風，總是讓祂能完成個人的使命。白牡丹以剛柔並濟的態度展現個人力量，而外柔內剛的堅毅特質則使其成為群花之王。

　　白牡丹是所有女性應當保有的能量，也能療癒男性內在的女

性面，使個體的生命趨於完整及圓滿。當你需要白牡丹的植物能量時，意味你需要面對個人女性能量的課題，試著回到柔軟的內在，讓白牡丹的植物能量協助自己療癒，並帶來面對的勇氣。現在正是你需要開始轉變的時候，邁開步伐並接受來自上天的訊息與眷顧，讓白牡丹與你一起同在。

　　白牡丹能讓世人以悲天憫人的心看待眾生，這意味著，當一個人以慈悲的態度看待所有事物時，就能化解一切的衝突，更重要的是化解自己內在的衝突。白牡丹能夠協助人們消融對立，了解外在的分歧乃源自於個人的內心。當願意轉念時，所有人與人之間的敵對就不復存在。白牡丹能量可以協助人們轉化，藉由面對個人的女性面，使生命呈現出完整的樣貌，如此的轉變能在生活中造就實質的變化，並為生命帶來改變。此時的你也許正歷經巨大的困難與挑戰，這可能來自外在環境或內在的心靈層面，要明白所有的試煉只是個讓你再次面對自我的過程，只要我們願意就會有所不同，並朝向更好的方向前行。

罌粟花
Poppy

覺醒與重生

光明的內在與覺醒，會協助你成
就個人的使命。

 罌粟花仙 TricyBondo 的訊息

　　罌粟花帶來重生後的光明和整體的覺醒。在太長的時間中，
人們耽溺於許多的人事物，不知道如何回到光中，透過罌粟花的
能量場，能夠爲整體帶來覺醒與重生。相傳罌粟花有著淒美動人
的故事，增添世人對此植物的畏懼。據說罌粟花仙幻化降臨人間
時，帶來獨特的療癒力。祂希望能對人類有所貢獻，但卻一不小
心愛上了治療的對象，想要爲他留守人間，祂因此忘記當初來到
人間的目的，並違背了上天所賦予的使命。

　　從此，罌粟花仙喪失了治癒人類的能力，而遺留在人間的罌

栗花植物開始有著迷幻的特性，使人類一旦迷戀上即無法自拔，而一步步邁入死亡。就如同許多人沉迷在自我的認知世界中，而不願意醒來，世間的許多人亦如當初的罌粟花仙，為了一時的貪戀，迷失了生命真正的價值與目的。

罌粟花仙的靈魂在死後重返人間，接受並完成了自己的使命，重新拾回個人的力量，並持續發揮其影響力。於是，雖然當初罌粟花的植物會使人因愛上祂而失去自我，但是罌粟花重生後帶來的光明，由於其守護花仙最終記起自己真正的使命，為整體帶來覺醒，因此對靈魂具有撫慰與安定的療癒作用。

當你需要罌粟花的植物能量時，代表你需要檢視自己對人、事、物的貪戀，如此的沉溺可能會讓你陷落在迷失的痛苦中。此時的你必須停下腳步，靜觀個人痛苦的根源，讓光明充滿你整個內在，讓自己回到內心。

在個人因為某些因素而內疚，抱持著贖罪的心情或是感到徬徨不安時，罌粟花能夠協助我們覺醒而重生。罌粟花帶來的能量，也能幫助我們面對關於死亡的課題。在面臨親友的死亡時，也可以祈請罌粟花的能量，使亡者安息，同時也撫慰生者。

蓮花
Lotus

清靜、平等、愛

你正歷經生命的轉捩點，在回歸重新出發後，帶來協助淨化的能量。

蓮花花仙 Kotustry 的訊息

　　蓮花是第一個降臨人間的花朵，身為群花之首，蓮花為世人帶來上天的訊息：「上天從來沒有忘記我們，愛無時無刻無所不在。」蓮花能喚醒人們靈魂最初純淨的本質，使肉身也能化為淨土。蓮花帶來清靜、平等的愛，認為在愛當中，眾生皆平等，即使為人長者、居高位者，優勢的位置只不過是一個平台，沒有所謂高低之分。蓮花提醒眾人回歸到平等的基礎，不應該有所分別。

　　蓮花出淤泥而不染，代表所有的痛苦與磨難都是提升靈魂最

好的試煉。當遇到困難與挫折時，不要氣餒。這意味著你正在經歷生命中的轉捩點，這是上天賦予個人轉變提升自我與淨化的機會。此時，執著於心中的罪惡、自卑感，譴責自己的不純淨，並無法使自己轉化，反之會使你的身心感到疲憊。因此，你必須釋放這些負面的情緒。

此時的你可以祈請蓮花花仙，並冥想白光從天而降進入頭頂，腳下的一朵蓮花從下而上托住身軀。讓此能量充滿全身，協助我們回到內在，建議你每日早晚可以花五分鐘時間，淨化自身，並且在空間與衣著上多運用白色。白色能夠協助個人連結自己純淨的本質，也能協助人們回到當下，覺悟到無論自己處在生命的哪個階段，一切都只是過程。當一個人不執迷過去，信任未來，就能回歸本初、重新出發。

蓮花提醒人們：「無論身處何處，不忘初心。」當整體能量場處在紛爭與混亂，和覺得自身的能量凝滯無法轉動時，此時蓮花的能量可以幫助我們站在清淨平等的愛，讓我們以平常心去面對。

百合
Lily

淨化、祝福、原諒

在淨化後茁壯,為整體獻上祝福,感謝所發生的一切,讓心輪得到療癒。

百合花仙 Zibely 的訊息

　　百合著重於心而非愛,然而愛的孕育需要仰賴一顆純淨的心。心輪是連結物質與靈性的重要樞紐,所以當一個人沒有妥善處理心輪時,其能量就無法上下流通。於是,與愛的失聯就可能導致一個人喪失與上天及物質界的連結。

　　當你受到百合的吸引時,就代表自己的內心醞釀了許多的情緒。百合的能量可以幫助我們化解所有的仇恨,將忿怒轉化為一股支持向上的力量。雖然情緒衍生自帶給你難題的人、事、物與自己產生的能量糾結,但你必須反求諸己,檢視自己的內心。

　　首先，你需要回歸心輪，正視這個問題。要記得在所有事情發生後，如何在風雨中得到片刻寧靜，並協助帶來最大內心支持的力量。這源自於百合可以協助人們看見這些負面情緒的本質與本源，了解忌妒、猜忌、怨恨、憤怒、不滿，以及無法跳脫的負面心念，主要源自於個人的誤解：以為自己沒有受到他人的關注。不要氣餒，讓自己透過這股支持的力量，回歸本初，帶著祝福、感恩回到光中。

　　此時的你可以藉助百合的能量來化解，透過祈求百合接引其能量，並觀想自己的心中開出一朵百合，來進行心輪的淨化。你也可以將所有的不愉快與憤怒寫在一張紙上，以儀式的形式，將紙埋在土裡或予以火化，並在過程中告訴自己：「不要怕挫折，愈是在困難中愈能讓我們積極向上，感謝一切的發生，我可以原諒自己與對方。」只要你願意看見自己的問題，就代表你也有能力協助造成困擾的對方，讓百合的純淨幫彼此回歸最初的心。

7

蘭花
Orchid

與神性連結

放下小我與神性連結，讓自己走
在正確的生命道路上。

蘭花花仙 Adarmine 的訊息

　　人們之所以認為蘭花尊貴，是因為蘭花與神性的關連。蘭花
能夠協助一個人看見自己的高貴，與上帝、佛菩薩及宇宙高我毫
無分別。所有一切神聖的指引，會隨著我們放下個人的小我，在
對的生命道路上連結起這份聖光。神性並非人們想像般的虛無縹
緲、不著邊際；反之，神性必須落實於生活，以生命的智慧呈
現，達到諸事的圓滿。

　　然而，許多靈魂來到人世間後，就與個人的神性疏離，切斷
了與自我的連結，不再信任高我的指引，陷落於小我的困惑，流

轉在綿延不絕的輪迴中，忘卻了靈魂當初設定的目標，使自己的生命因為欠缺方向與使命感而迷惘與失落。唯有回到聖光中，你將能夠了解生命中發生的一切，都是個人的生命選擇。

當你無法接受或面對目前周遭的環境，並且有否定自我與逃避的傾向時，可以透過蘭花植物的能量，回歸對應個人高我的紫光，重新找回和上天的連結。在生命的本初，我們源自那聖光，是靈性最高的指引，協助我們窺見整體，並為個人帶來更巨大的轉變。紫色之光為靈性的光頻，最重要的特質在於能治癒所有的病症；這是因為一個人只要能夠回歸神性，就可以擷取自己的智慧寶藏，圓融的化解所有問題。

蘭花提醒人們：「每個人都是具有神性的個體，因生為人而高貴，莫為一時的逆境而輕易結束生命。是時候改變自己，讓個人走在神聖的道路上，讓光協助我們回到神性中。只要願意活在當下，靜下心來，就能與你的高我同在。當你陷入逆境時，只要願意面對與承擔，落實個人的生命智慧，你就已踏上靈性的道途。」

非洲鳳仙花
Red Impatiens

生命行動力

透過實踐的行動,引爆自己的生命力。

 非洲鳳仙花仙 Frageca 的訊息

「迎接陽光、迎接生命,生活是如此的美好」,這是我們(紅色鳳仙花)對陽光與大地的歌詠。因為有了自然界的滋養,才造就出鳳仙花旺盛的生命與繁殖力。鳳仙花承載的整體能量,是協助我們在任何時候都有強大的力量,讓自己透過實踐去圓滿及面對個人所有的問題。

人類的生命能量要能順暢的流動,就必須仰賴紅色的元素。紅色代表生命力的泉源,也具有實踐的意義,賦予人們熱情,並啟發生命的原動力。因此,紅色鳳仙花可以協助人類實現他們的

使命。

　　現代人類只用頭腦的習性，使個人的能量嚴重失衡，引發身心疲憊、做事不起勁與欠缺熱忱的症狀。 在你需要紅色鳳仙花的能量時，就代表自己的內在已經意識到這些問題；當我們處在生命搖擺的階段，不知道如何去選擇及決斷的時候，鳳仙花所帶來強大的落實能量，可以讓我們有很好的行動力，幫助個人去面對所有的困難。

　　此時的你可以先透過肢體活動，譬如跳舞，來淨化自己的思緒。以赤裸的雙腳踩在大地上接引地氣，感受大地之母的滋養。你也可以多穿紅色的衣物，攝取有助於造血的食物。正是現在讓自己和一切所有關聯的事物，朝向更好的發展。當你的工作速度過慢，或者希望自己能迅速激發生命力時，就可以祈請紅色鳳仙花的能量，祂能夠協助個人銜接自己的生命力，進而落實於當下，因實踐是一股重要的力量，透過實踐的行動力，喚起個人的神聖使命。

　　無論你身在何處，只要立即採取行動，引爆自己的生命力，就有辦法生存。這是人們可以從鳳仙花種子的爆破特性中學習到的精神，在我們徬徨無助時，可以透過鳳仙花來支持我們，並在正確的決定後，找到最好的方式去進行。只要願意分享自己的人生經驗就能散播個人的光和熱，並在過程中傳承鳳仙花的精神。

9

紫羅蘭
Violet

清除執念

透過決斷、堅毅、勇氣，清除來
自過往的負面執念。

 紫羅蘭花仙 Angoriya 的訊息

　　紫羅蘭具有祥和、寧靜的安定力量，為延續神聖的使命而努
力不懈。紫羅蘭能協助人們透過清除執念，化解過往意念上的惡
業，重新找回與上天的連結。清除最深的執念，是需要極大的能
量，讓我們透過與內在的最大支持力量，讓自己因此提升。當一
個人需要紫羅蘭時，意味他必須放下許多自我的設限及我執，讓
紫羅蘭的能量清除負面的情緒業力，穩定個人的生命力量。

　　與上天及內在的連結需要靠穩定力，這股力量來自內心的平
靜和安定。然而，人類就是因為有太多的不安與不信任，而喪失

了神性的連結。所以，若要重拾這份連繫，在清除過往負面的情緒中，所帶來的各種生命歷程，是需要借助紫羅蘭的力量，讓個人透過不斷的淨化後去面對，當歷經淨化、提升之後就可以恢復個人的定力，繼而內化這股力量；而紫羅蘭花仙守護的，就是這股內化後的穩定力。

在生命的過往經歷中，也許你曾受過許多傷痛，讓自己無法相信生命，也因為如此，你一直堅持以孤獨的方式面對自我與生命。清除負面的執念，正是你當務之急要去面對的生命課題，紫羅蘭介於第六與第七脈輪的能量，可以協助你清除負面的想法及我執，此時的你可以觀想紫羅蘭在第六脈輪綻放，閉起眼睛感知這股清除業力、祥和而寧靜的淨化力量。紫羅蘭擁有最堅毅的內在，在遇到各種生命的考驗時，能夠協助個人繼續堅持的意志力。

在意識層面上，人們可以透過覺察與內在的神性合而為一，帶來身、心、靈真正的昇華。然而，並不會因為我們願意面對挑戰，就能夠將所有困難都化解，而是必須在過程中去體悟，將所有可以釋放的負面情緒，及阻塞身心的能量完全清除，之後才會有所轉變。長久的執念正是讓自己無法脫離困頓的原因，透過紫羅蘭的堅毅、柔軟，讓我們從中了悟，並感謝生命中所有的人、事、物。

七里香
Orange Jasmine

決斷力

要處理這個問題需要靠你個人的
決斷力。

七里香花仙 Patrion 的訊息

　　七里香有著獨特的香氣，是一種開著白花的植物。相傳七里
香曾於大唐時期醫治好當時的一位君王，而一度被推崇為當時的
國花。七里香也是神秘國度香格里拉所流傳的一種植物仙草，具
有神奇的功效，能讓人安定心神，具有鎮定的作用。由於七里香
在植物界流傳著許多神秘的傳說，而被譽為萬能的植物。其萬用
來自多種特性，就如同守護牠的花仙，有著多重的性格。七里香
植物很容易生長，也很能夠適應環境，亦如其花仙隨和的性格。
然而，七里香所承載的生命推動力讓我們得以在不同的階段，可

以去面對最眞實的自我。

　　太長的時間，我們讓生活中的瑣碎壓抑了內在的生命力，而無法讓自己有所喘息，導致生活的問題衍然而生。透過七里香能帶給我們在處事上，較開闊的視野與決斷力，也能夠謹守分寸的周旋在每個人之間，在生命的各個節點，去窺見事情背後的癥結，將會知道在生命道路上阻礙個人的眞正原因。當能夠清楚的走在個人的生命道路時，就能夠爲眾人謀求最大的福祉。

　　當你需要七里香時，也意味你需要展現個人的決斷力，來處理眼前碰到的事情；不要猶疑，讓生命之光照進內心，讓個人強大。相信自己所有的決斷，會爲自己在人生的旅程上，帶來最大的轉變。讓自己運用七里香的能量，看清個人所處的環境，好好的做決定；這也是開始行動，讓自己接受不同聲音和融入群體的最佳時候。不要遲疑，七里香所帶來的推動力，將能夠讓我們看見事情背後的眞正意義。你目前的問題是來自人我之間相處上的隔閡，讓七里香隨和的能量協助你與他人互動時能夠隨性與自在。由此看來，七里香會是所有人在待人處事上很需要的一種植物能量。此時的你可以祈請七里香植物花仙，讓你活得更灑脫、更有自信；七里香的決斷力，可以讓我們擁有最強大的動力。

紫陽花
Hydrangea

看清慾望本質的能力

回到穩定的內在，清楚生命本質
的意義。

 紫陽花仙 Harritle 的訊息

　　紫陽花又稱繡球花，其氣息幽靜而高雅，於春夏開花。相傳
紫陽花仙曾立下承諾，只要仙界鳳陽花仙所守護的鳳陽花於世間
開花時，紫陽花仙就會信守承諾的來到世間守護紫陽花，並帶來
療癒的能量。因為紫陽花仙並不特別喜歡接觸人群，而偏好靜遠
離塵的山上，也因此給人孤傲的感覺。他雖不擅長溝通與表達，
卻非常的敏銳、纖細，有意志力，凡是想要完成的事情，必定全
力以赴，在達到目標時才會停止。也因為這樣的毅力，讓自己能
不斷的朝向生命道路前進，不在乎他人的看法。

　　紫陽花帶來讓世人能釐清生活上的盲點，看清自己的追求是否正確，亦或只是出於個人不滿足的慾望。紫陽花能協助人們看清慾望的本質，並清楚驅動物質背後的慾望，是來自人類長久以來無法了解生命真正意義所造成的，如何不迷失在物慾的洪流中，陷落於個人錯誤、荒謬的生命價值；才能讓自己不迷失在名利權勢的慾望假象中，忘記了來到世上的真正目的。

　　人們應該常常透過紫陽花的植物能量，重新回到內在，去知道物質真正的意義和根本需求，不在於物質層面，而是往內的精神本質。並檢視自己是否只是為滿足私慾而追求名利，也了解慾望的背後是個人無法肯定自己，而向外尋求的意圖。回到內在，讓自己穩定而了知生命本質的意義，是紫陽花重要的訊息。

　　當你需要紫陽花的能量時，只要放心的把自己交付給紫陽花仙，讓祂協助你看清目前的處境，也讓自己更加的覺醒，不流於崇尚世俗的價值，只看到物質界的表相，去圓滿生而為人的根本需求 ，回歸精神層面的本源，將能為自己在物質面帶來富足。你必須清楚的了解，所有的困境及痛苦乃源自於個人的內在而非他人，只要你欣然的面對與接受目前所處的狀況，就能夠明白表象背後的意義。

孤挺花
Amaryllis

堅持對的生命道路

感謝生命道路上的陪伴者，讓我
們勇敢、堅持地走下去。

 孤挺花仙 Peariten 的訊息

　　散發獨特氛圍的孤挺花，據說當初來自於天上的某個星宿，
因為看到世間的變化，而孤身發願投生於這世界，為植物界和人
類貢獻。孤挺花堪稱植物界及人類的表率，因為祂不畏生命洪流
中所帶來的任何苦難，堅持貢獻自己的一份力量，因而值得眾人
欽佩與尊敬。

　　孤挺花並不特別堅毅，只因為自己對上天與個人的堅定信
念，而能戰勝困難，創造不同的生命風貌。孤挺花並不會因為大
環境的變化，而影響自己朝著既定的目標邁進，祂靠著這樣的特

質，讓人們重拾對世界的希望。當我們願意堅持走在對的生命道路上，就可以看到努力過後的豐厚成果。

孤挺花所守護的植物能量是世界穩固的基石。如何讓自己在所處的環境中，能不受影響、堅持信念的朝向個人的生命目標，是成功的必備條件，是讓我們得以堅持人生抱負的重要泉源。成功來自於明白自己正確的方向及生命道路，清楚個人的作為不違背宇宙的倫常，依循著特定的秩序，就好比萬事萬物遵守著生滅的定律。孤挺花帶來能夠維持生命運作，和開創屬於個人的康莊大道。因此在得與失、生與滅之間，人們必須了悟當中的道理，如此也就不會患得患失、怨天尤人。

在生命的不同階段，都會有不同的生命課題，如何讓自己更果斷、清楚，需要一份來自孤挺花的果敢能量。孤挺花以此所帶來的療癒作用，讓你可以面對任何困境。不要灰心，光明的未來，將會為願意堅持初衷的人，帶來勝利的號角聲。無論處於何種困境，你都要找到讓自我身心平衡的方式；秉持該有的人生態度，讓自己有面對生活各種困難挫折的勇氣，去看待一切事情的發生，將會有其值得我們學習及醒悟之處。找到自己個人的空間，並靜下心來，孤挺花仙會協助你清楚的面對自己的問題及所處的環境。

山茶花
Camellia

面對問題，克服困難

堅持、堅持、再堅持，能為我們
帶來最終的勝利。

 山茶花仙 Breninger 的訊息

　　山茶花有著幽靜的清香，是開著美麗花朵的多年生植物。長久以來，山茶花不畏懼地形的險要，堅持守護大地，並展現不畏強權的個人特質。山茶花從不依戀為眾人帶來的芬芳，只希望盡一己之力貢獻自己，為別人做些事情。山茶花從不留戀與迷失於外在的物質世界中，只是默默的付出，不太在意自己是否位居要津或飛黃騰達，以如此的意念與人生態度，走在個人堅持的道路上。

　　山茶花其實並不特別與世無爭，他極其願意為大眾貢獻自

己，深入民間了解民生疾苦。許多歷代的君王都具備了山茶花的特性，很能夠體恤他人的苦難。自古以來，許多的改革家也都擁有這樣的性格。山茶花不輕易向生命低頭，越是在困難的環境中，越堅定自己的信念，為植物界帶來了最佳典範。山茶花越挫越勇的精神，讓祂總是能面對各種挑戰，並視這些困難為磨練、砥礪自己的基石，而這般大無畏的精神，正是目前社會上極需的一股力量。

當你越是處在險惡的大環境中，越是需要藉助山茶花的力量，幫助你面對與克服所有的難關。當面對困難時，讓山茶花帶來的這份堅毅，協助我們去面對各種問題。因此當一個人受到指引需用到山茶花的植物能量時，他就要靜下心來，看看自己面臨了什麼樣的困境。此時不需要把自己的精力耗費在瑣事上，專心在重要的目標，有計畫地讓事情穩定地進行。這個時候，可以祈請山茶花植物療癒的力量，為自己帶來面對困難的勇氣，並且有足夠智慧看見事情真正的問題所在，無畏的讓這些困境轉為自我的試煉。不需要有太多的分別及辯解，只是專注在個人需要完成的事物上，不畏懼眾人的眼光，堅持在對的人生道路上。讓山茶花的力量帶領你提升，朝向善與正面的方向，為社會、國家、宇宙帶來更穩定的力量，如此將能落實和宇宙、他人共生的理念。

火鶴
Anthurium

個人的獨特性

全然的接受自己，不要在意他人
對你的看法。

 火鶴花仙 Heuntrrying 的訊息

　　火鶴是一種非常奇特的植物，在植物界中獨樹一格，而其浴
火鳳凰的精神，就如同他的外形。火鶴有著不畏懼艱難的特質，
不在意外界的眼光及批評，為植物界樹立了許多的典範。火鶴能
療癒個人長久以來，因為受到外來歧視而受傷的心靈；火鶴花仙
教導人們發覺自己的獨特性，不需要在意別人的眼光，而活出個
人的生命價值。

　　在紛擾的社會中，想要讓自己堅持目標努力不懈，就需要火
鶴的能量，協助自己不畏懼他人的評斷，勇敢地堅持自我。長久

以來，火鶴維持著這種療癒能量，希望傳遞不畏眾人的堅毅特性。當一個人需要火鶴植物能量時，就該檢視自我，是否長久以來一直活在自己與別人的評斷和批判中；是你該卸下心中的重擔與防衛的時候，不要讓這樣的想法與意念阻礙了個人的前進。當你回歸自我中心時，你就能在靈性上有所昇華。

太長的時間，我們總是活在社會和他人的價值觀中，忘記了什麼是自己喜愛和應有的堅持。火鶴讓人們了解，每個人都是獨一無二的，要尊重自己和別人的獨特性，回到光中將愛傳遞出去，並在所有的過程中學習接受與放下。如何活出自我，並讓人生活得精采，就要有這份火鶴的能量，協助我們力排眾議，堅持為自己的理想而奮鬥。這意味著，當你在練習接納自我與別人的同時，能帶著欣賞的眼光，看見所有的異同，然後試著放下，如此你將能活出真正的自我。

火鶴就是火鶴，並不會因為任何外界的紛擾，而讓自己受影響，會秉持著一份個人內在的尊重，活出自己。清楚個人的定位，不用太在意他人對自己的看法，堅持個人的獨特性，這是保有自我及活出個人生命樣貌，很重要的意義。火鶴能協助我們接受全然的自己，不畏懼眾人的目光，堅持你所堅持的。讓自己無所畏懼，去迎接屬於自己的輝煌璀璨人生，那將會是一個嶄新的你，也將迎來全新的生活。

夾竹桃
Oleander

豐富內在

享受每一個當下，靜觀其變，將
迎來最好的結果。

夾竹桃花仙 Kayter 的訊息

　　夾竹桃是富饒多產的象徵，為木本植物。在植物世界中，夾竹桃屹立不搖的精神、不同的風貌和強大的生命力，總是讓人耳目一新，讓人看到了希望，願意繼續堅持與付出。夾竹桃下意識的知道自己為何而生存，也深刻了解活著的價值，因此能夠活得怡然自得。讓夾竹桃的能量，豐富我們的內在，不要太過侷限，而失去了整體的眼界。夾竹桃來到植物世界中，肩負守護與傳遞的使命，就是希望協助人類以不同的樣貌盡情過生活。

　　夾竹桃的植物能量可以協助你享受每個當下，只要讓自己埋

首實踐，就毋須哀傷，亦不用悼念過往；放下所有框架，不要太過拘泥在目前的生活上，需要長遠的計畫和眼界，以宏觀去看待一切。告訴自己能夠活著真好，因為如此的意念，可以激起一個人源源不絕的驅動力，我們只要靜心的等待，就能夠讓自己贏來富饒的成果，並帶來富裕。

當你需要夾竹桃的植物能量時，正意味你不需要太過擔心，只要看見生命中的美好，讓我們透過更高的視野去看待一切事情的發生，不需要擔憂，所有的事物正按照著它們應該要有的方式持續。並知道每件事的背後，必有其存在的意義及自己需要學習的地方；你只需接受並感謝所有的發生，將因此變得富饒。當我們覺得內在匱乏時，正是需要調整身心的時候，而這種富饒則來自內在無限的力量。所以人們可以祈請夾竹桃花仙來豐富個人的內在，協助自己面對問題，堅持個人的生命信念。

不要為自己找任何的藉口去逃避真正需要正視的問題，如此才能為自己帶來更穩定的狀態，並能更清楚看見事情的整體樣貌。以全觀去看待目前所發生的事情，靜待上天為我們帶來的消息。

水仙
Narcissus

展現個人力量

傳遞光與愛，時刻心存感激，並
接受自己。

 水仙花仙 Grongriya 的訊息

　　水仙為石蒜科植物，由球莖發芽，在水中開始生長，繼而開
花。意味人們只要像水仙一樣，由自我的硬殼中慢慢滋長嫩芽，
就能開出美麗香郁的花朵。在生命不同的階段如何蟄伏，也在對
的時間勇敢站出來，是水仙帶來的力量。水仙能使人超塵脫俗，
提升內在的靈性力量，能夠啟動人們認清事實的本能；是因為其
堅忍的特質、穩定的自我力量，以及透過靈視力讓自己處在清淨
無染，保有內在的純淨和禮敬天地的信念。這正是現今人類所需
要的，也是水仙花仙一直守護的植物力量。

　　水仙能夠協助個體恢復穩定，讓人們不抱怨、不外求，繼而顯露眞性，並協助人們面對本我的困境。在任何時候要能隨時調整心態，讓自己歸零重新出發，是很重要的生命過程。這份來自內在的柔軟及善解人意，是在面臨各種困難應該保有的態度，對自己和他人釋出最大的善意，並帶著理解正向思考。讓水仙最柔軟的一面，帶給我們在生命的每一個階段能夠去承擔，這是來自個人願意面對，及坦然接受目前的現狀。

　　當你需要水仙的植物能量時，正意味你必須施展個人的力量，並透過第六脈輪來辨別事情的眞僞。讓我們一同以最虔誠的信仰和誠敬的心，去迎接屬於自己的生命光輝。也許你可以祈請水仙花仙，協助你展現自我。此時的你可以冥想黃色的光，祈求水仙花仙爲你帶來祝福，讓水仙花的能量由頂輪進入第三脈輪，慢慢擴大籠罩至全身，再讓自己回到白光中；接著透過冥想，讓靛色光在第六脈輪慢慢擴大，淨化負面想法。在光中我們能遇見最美好的事物，承接來自水仙最純淨的能量，讓我們開啟整體視野，爲生命注入一股新的朝氣。水仙帶來的能量，能協助我們敞開心輪，去擁抱個人，享受最美好的事物。

雞冠花
Cockscomb

堅持自我信念

走在正確的道路上，有目標、堅持和決心，勇敢地活出自己。

雞冠花仙 Tineryaco 的訊息

　　雞冠花代表富足的象徵，有著堅忍不拔的毅力，總是能讓人感到超塵脫俗。在看似脫軌的行徑上，祂保有自我的堅持和想法，秉持個人的理念走在生命的道路上。

　　雞冠花的能量能協助人們在人生的洪流裡不受影響，不過度在意別人的看法。在浩瀚的宇宙中，我們如何能清楚自己的人生方向，能夠堅毅地走在對的生命軌道上，需要很大的勇氣及智慧。當你需要雞冠花的能量時，表示你可能常受到外在聲音的左右而無法做自己，雞冠花的守護花仙能協助你度過這段時期。當

你走在自己認定的道路時，將為你帶來富裕的人生。同時這個訊息也告訴你，如何讓自己更穩定地生活，更落實自己的想法，是需要一個清楚的方向，讓自己可以繼續堅持。

如果你此刻正面臨生命的考驗和抉擇，可以祈請雞冠花仙賜予你力量，讓雞冠花所帶來的能量，幫助我們，能夠更堅持在對的生命信念上，協助你堅守自我，不在意世俗的眼光。雞冠花能為人們帶來嶄新的局面，豐富自我的內在。此時的你可以盡量保持實力，多充實自己，不需要太擔心金錢。當你堅持自我的信念時，物質層面的問題也會迎刃而解。

在眾多星辰裡，如何能夠找到確切的方向，並勇敢地朝向個人目標前進，必須要有很大的毅力，因為生命的過程有很多選擇，要想秉持自我的理想，並且勇敢地活出自己要的生活樣貌，是要有目標、堅持和決心的。雞冠花帶來支持的力量，讓個人能夠堅持在對的人生道路上，當我們覺得疲憊和想要完全釋放的當下，就需要雞冠花帶來的支撐能量，讓我們可以擁有最大的動力，讓自己往對的方向前進。

油桐花
Tung Tree

找回生命的節奏

敞開胸懷，順應生命的脈動，迎
接屬於自己的未來。

 油桐花仙 Arphys 的訊息

　　油桐花有著溫婉的氣息，象徵人們長久以來對內心平和的渴
求。油桐花散發出的緩緩清香，訴說著萬事萬物應有的節奏與頻
率。一個人若能依循生命的脈動，在不同的生命階段，以應有的
生活節奏去體驗每個當下，你將會有不一樣的人生體悟，就能讓
生命流動得更加順暢。

　　自古以來，任何事物都有特定的生命周期（依循軌道），如
何順應自我的生命之流，是人類最重大的人生課題。油桐花植物
能量能讓個體連結上內在的生命頻率，依循個人的軌道展現自

我。

在應對個人修行或人生困境時，油桐花帶來穩定不疾不徐的支持力量，讓我們可以在穩定中找回生命的節奏。若你需要油桐花仙的協助，意味你應該放慢個人的生活腳步，檢視目前的生活方式和工作型態，讓自己有較多的個人時間與大自然接近。很長的時間，我們忽略了最真實的內在感受，忘失了應該如何遵循本心去面對人生，並慢慢地品嘗生活的過程。也只有在經歷了不同的人生風光，才會對人生有更不一樣的感悟。你可以藉由冥想或各種心靈的交流方式，讓自己找回應有的生命節奏。

油桐花仙不疾不徐的特質，也能協助你度過生命周期的低潮，讓你擁有面對問題的能力，視其為人生的試煉和過程。人生總有許多不如意，如何讓自己隨時回到應有的生活節奏，是需要油桐花的能量。如果你現在正處於徬徨、猶疑不定的狀態，也可以祈請油桐花仙植物能量的協助，讓你找回自我的生命方向，以適合個人的生命節奏向前邁進。

馬纓丹
Lantana

勇敢面對生命

請求花仙協助你釋放臍輪內的滯留能量，找回勇往直前的勇氣。

 馬纓丹花仙 Soutroelia 的訊息

　　馬纓丹是獨立、勇敢、堅忍的象徵，為第二脈輪的植物，可以處理停滯不前的能量。馬纓丹可以協助我們不糾結過去紛擾的事物，只需專注在目前的生活，也不用拘泥在太多外在的形式，只要好好的去感受生活的每個當下，讓人們面對自我的困頓，重新開始對自我探索。馬纓丹看似嬌豔的花朵散發著療癒的能量，尤其能協助個體找回存在的價值與意義。

　　當一個人失去了面對自我的勇氣時，就會特別沒有動力與生氣。當需要馬纓丹能量的時候，就意味著個人有需要被支持和理

解的需求，敞開心讓馬纓丹的療癒能量協助你，因為停滯的生命能量，顯示出個人無法面對現階段的自己。馬纓丹擁有最強大的內在力量，在任何時候都能夠不畏艱難，協助我們突破困境。馬纓丹植物花仙守護的是個人自我力量的本源，所以當你需要馬纓丹的植物能量時，就代表是該檢視自我核心價值的時候了。

　　你是否太常耗費過多的能量與時間，處理瑣碎不重要的事情？那麼，你就有必要重新檢視自己，調整個人做事的方法及人生態度。此時的你不妨換個方式過生活，去感受生命的每個當下，迎接屬於你的美好人生。馬纓丹花仙在協助你清除阻塞的能量之際，會為你帶來面對生命洪流的勇氣，使其更為穩定。

　　現階段的你可以從事一些探索自我的活動，藉此找出無法繼續前進的原因。有什麼是自己在意的，盡量讓自己回到最初的本心，並回歸原點，一切都會是最好的安排。在連結馬纓丹的能量時，你可以冥想橘紅色的光進入第二脈輪，將雙手張開，再回到心輪；藉由回到橘紅色的光清除阻塞的能量，逐漸感受到第二脈輪的能量開始流動。

金盞菊
Calendula

回歸自我中心

堅守自我的信念，不要輕言放棄，就能為我們帶來最好的結果。

金盞菊花仙 Gaugriya 的訊息

金盞菊有著豐富多變的特性，能為生命帶來一股活力。他守護堅實的內在，在看似燦爛的外表下，卻能因穩固的信念，從周遭複雜的事物與詭譎多變的形勢中全身而退。金盞菊能為人們找回自我的核心價值，當一個人回到中道時，無論面對何種狀況都能不受影響。

當你需要金盞菊的植物能量時，就是必須重新回到自我中心思想、檢視及釐清個人核心、調整生命方向的時候了。只要願意回到內心，經常傾聽來自內在的聲音，就能夠讓自己更加堅定。

金盞菊能爲你帶來穩定的內在力量，以及面對問題時的靈活與彈性，讓你在處世上更加圓融。

金盞菊能增長個人在團體中與人相處的能力，因爲祂特有的協調性，能化解僵固的人際關係。不要擔心自己沒有辦法去承擔，在遇到各種問題時，讓金盞花仙的能量幫助我們。人們可以藉由金盞菊的能量，在人我關係中改變許多狀況，也因此讓生命流動更加順暢。

人們常因爲自我的僵化思想，陷溺在進退兩難的窘境當中。此時的你可以讓金盞菊極具協調性與彈性的能量打破僵局，沒有什麼事情可以阻礙我們，只要願意下定決心，就能夠面對所有困難；同時又能堅守自我的信念，這正是人與人互動中最需要的特質。任何時候都不要輕言放棄，只要相信自己，並堅持個人的目標，就能夠帶來最好的結果。

蒲公英
Dandelion

生活的修行者

讓自己穩定下來，去感謝生命中
一切的美好，及遇見的所有人事
物。

 蒲公英花仙 Heigla 的訊息

　　蒲公英有強大的生命力，在開花結籽後，種子就隨著風不斷
到處散播，因此處處可見蒲公英的存在。蒲公英不需刻意栽種及
照顧，就能到處發芽開花，可見蒲公英具有隨遇而安的特性。雖
然其個人色彩不甚鮮明，但在任何時候都可以展現親和力及感染
力。在群花之中，蒲公英並不起眼，但他的生命特質卻是每個人
應該學習的：表面平凡，卻極具影響力。蒲公英的性格低調，不
願意彰顯個人表現，但在看似平淡無奇的生活中，卻能完成個人
的人生使命。

　　蒲公英不喜鋒芒太露，常讓人認為容易錯失良機，但對他來說，維持現狀卻是最好的選項。當處在生命的不同階段時，讓自己學習蒲公英的處世態度，會讓生活過得更自在、愜意。因此「知足常樂，隨遇而安」就成了蒲公英的最佳寫照。

　　當你需要蒲公英的能量時，應去學習蒲公英的生活態度；先停下腳步，什麼是應該做的，和不用太理會的，這都是要經歷人生許多的閱歷後，才能有所體悟。看看自己在生活與工作各方面是否太過躁進、操之過急，反而讓許多事情發展不如預期，或是無法達到自己的要求。此時，蒲公英的能量可以讓你穩定下來，接受眼前的事實。

　　蒲公英常讓人感覺是一位生活的修行者。他安貧樂道、不奢求的行事風格，在現今急功好利的社會中，是一股重要的穩定力量。人們可以時常藉由蒲公英的能量，讓自己變得更加安定，無需太多的辯解，也不需要長篇大論，只要跟隨著內心的感受，就會遇見人生不同的風景，過著平穩的生活。

栀子花
Gardenia

堅貞的愛

愛的真諦是一份純淨，無所求的
真心，無條件的愛自己與對方。

栀子花仙 Pegyner 的訊息

　　栀子花具有高節的特質。在古老的流傳中，栀子花象徵堅貞
不移的愛情，所以又稱愛情花。栀子花仙所守護的這份能量，意
味對情愛的堅持，但人類忘卻了愛情背後真正的意義，總認為在
關係中占有對方就是愛的表現，因而落入膚淺的表象，失去愛的
真正意義。愛的真諦是一份純淨，無所求的真心，栀子花能療癒
情愛中的傷害，讓人得到昇華，藉以了解情愛的本質在於願意堅
守，信任彼此的情感，願意守護對方，毫無怨尤的為對方犧牲奉
獻。

　　梔子花也協助人們覺察自己對「愛」的執著，這包含了父母對子女，或子女對父母的愛，以及朋友之間對愛的執念。讓人們看見「愛」和「情感」是付出而不是占有，而在占有慾的背後，是因「愛」和「情感」的匱乏，這也許是在過往的生命經驗中，曾經對愛和情感有所需求或不平衡。梔子花所帶來的能量是一份最純粹無染的愛，不求回報真心實意的付出，在提升的情愛能量中，協助人們面對自己的感情，帶來對愛的堅定信念。

　　如果此時你需要梔子花的植物能量，代表你也許正處在情愛的執念中。你可以祈請梔子花仙為你帶走傷痛，給予你面對情愛的力量，並為受到禁錮的心靈帶來曙光。不需要有太多的言語，真正的用心去體會，讓內心的這份愛去滋養彼此。在你了解什麼是真正的「愛」與「情感」的本質後，就能從中學習成長，因成長而超脫，進而記起生命的真正依歸與使命。

秋海棠
Begonia

希望與關懷

是到了該關心自己的時候，釋放
所有的束縛，看見全新的自己。

秋海棠花仙 Kacytroce 的訊息

　　被稱為希望之花的秋海棠，象徵在寒冬中升起的希望。相傳秋海棠當初是由一塊從天而降的希望之石中長出的植物，而在植物界引起一陣驚奇。看似不起眼的秋海棠為當時的花仙世界帶來了希望，讓眾花仙相信，只要讓祂們守護的能量繼續流傳與保留，就能為世界帶來穩定的力量，並協助所有的生命喚起真我。

　　秋海棠所帶來的希望能量，是來自於對上天的信任與接受，意味當一個人在面臨各種挑戰與困難時，要更清楚的去看見自身所處的環境，重新檢視目前的狀況，讓自己開啟一段新的旅程。

必須明白這是上天對他的試煉，並完全接受。秋海棠會爲懷有希望的人們帶來上天的關懷，無論你目前的身分、工作、環境及樣貌爲何，這一切都只是表相，讓你藉此來學習和成長。爲自己加油喝采，在經歷了所有困難考驗後，你將迎來嶄新的人生。然而很多人迷失於此，因而感到徬徨、不知所措。此時，你要記得秋海棠所帶來的希望能量，可以協助你與上天連結，再度看見希望。

如果現在你需要秋海棠的植物能量，意味你必須點燃自己生命的希望之火，找回與上天的連結，也就是找回與生命高我的連結。你值得被關懷，不要對自己太吝嗇、嚴苛，偶爾要原諒自己所犯下的錯誤，你所顧慮和擔憂的事情，都將有所改變，相信自己是一直被上天眷顧的。因爲人生本來就不完美。不要因爲之前的過錯，失去了對上天的信念，而將自己孤立起來。

現在是你需要關心自己的時刻，接受自己的不完美及所有的一切，相信這是生命必經的過程，不要因此喪失了信心。當你願意接受、信任、臣服時，生命將會有所改變，釋放所有的束縛，爲個人迎來不一樣的人生。人生將出現一道曙光，你所希望的事情正在發生，秋海棠花仙所帶來的能量，可以協助你面對當下的問題。

銀杏
Ginkgo

療癒心靈

敞開心接受他人的幫助，開啟療
癒之路。

銀杏花仙 Monestrive 的訊息

　　銀杏擁有耐力和承擔力的療癒能量，為五月開花的植物，開
花時會吸引許多蜜蜂、蝴蝶前來採蜜，為植物界和人類帶來許多
的利益。其特性在於提升靈性的能力，可以協助受困的心靈。

　　銀杏滿懷助人的熱情，將之視為個人的天職，希望為植物界
維持生生不息的循環。這意味生命的流動需要靠耐心和承擔力，
這是眾生在人生的洪流中應該保有的特質。療癒是一個自我覺知
的過程，要從中有所體悟，透過轉化和提升讓我們覺醒。銀杏協
助人們承擔、面對與了悟生命，從中學習個人的生命課題。

　　銀杏帶著助人的特質，可以療癒受傷的心靈，並協助人們面對深層的心理傷痛。有太多人身上留有他人加諸於己的傷害，無法面對生活、接納自我，因而阻礙生命的流動，心靈的療癒是在無數次的自覺中，讓自己有所醒悟，並勇敢的去面對。因此銀杏希望透過化解內心的傷痛，讓人們了解，當自己願意承擔生命的所有經歷時，就可以看到事件背後的重大意義，無非是要讓你看見自己需要面對的個人修煉。如果能夠體悟這層道理，一個人將能無懼的面對未來，並接受每件事情的發生，了悟其背後附帶的特殊涵義。當你能如此坦然及無懼時，就走在解脫的道路上了。

　　當你需要銀杏的能量時，即代表你需要思考是否長久以來一直帶著受傷的心靈面對生活。此時，你可以透過銀杏的植物能量為自己療傷，並了解到傷痛會成為生命的阻礙。當我們願意敞開心，接受他人的幫助時，就已經開啟了療癒之路。無論你是否知道傷痛的原委，都可以透過銀杏來化解並帶走這些傷害，讓自己能夠承擔和面對生命，耐心聆聽生命的樂章。不需要在文字上有過多的著墨，也無需有太多的言語，讓自己開始行動，踏上療癒的旅程。

長春藤
Ivy

穩定和諧的力量

清楚知道個人所想要的生活，並自得其樂地享受一切過程。

長春藤花仙 Seranges 的訊息

　　長春藤為蔓藤植物，具有虛懷若谷、謙卑的特性。在眾人眼中，長春藤不假修飾的個性，讓人覺得不造作，因而想與牠親近。也許有些人會覺得長春藤特立獨行，但別人的想法卻絲毫不影響牠的行事作風，他依舊堅持一貫的風格——低調。

　　長春藤沒有太大的理想抱負，但也總是能在自己堅持的領域上小有成就，並自得其樂的享受一切過程；也因為如此的生活態度，讓長春藤能平穩的走在個人的道路上。沒有什麼比平穩的生活更重要，也只有在安定中，才能讓我們更加地去享受珍惜人

生。當我們一直不斷外求，無法清楚自己的人生方向時，可以透過長春藤花仙的穩定能量，讓我們清楚知道個人所想要的生活。

　　長春藤為地球帶來一股穩定和諧的力量，看似與世無爭，沒有太多的個人想法，在團體中不會讓人感到威脅，因而博得良好的人緣。長春藤最常說的一句話是：「生活只要平安就好。」這就是祂的人生座右銘。樂天知命是很重要的生活態度，長春藤希望帶來這份，能夠協助眾人穩定生命的能量，來幫助每個人。長春藤認為，事情的發生一定有其道理，只要盡力就好。如此的生活態度，總是能讓祂在面對生活的各種狀況時，不會有太大的情緒起伏。

　　有時候，人們應該學習長春藤對人生的豁達態度。當你需要長春藤的植物能量時，代表你現在需要找到個人的興趣，發揮自己特長；這樣一來，你就可以有較正面的生活方式，長春藤花仙希望讓眾人去體會什麼是「有所為，有所不為」的人生理念，以及要能夠率性、無為的去生活，如果真正在生活中去落實，就能夠享受自在恬靜的人生。讓自己快樂且享受生活，在這基礎上，往上提升並完成個人的使命。

波斯菊
Cosmos

包容與勇氣

面臨各種困難及考驗時，要能無所畏懼，果敢堅毅。

波斯菊花仙 Herigle 的訊息

　　波斯菊帶著皎潔高雅的特質來到人間，象徵富貴，其向陽的特性也代表為生命帶來無限希望。波斯菊總是以包容心接納身邊的事物，無視眾人的眼光，堅守自己的崗位；而其堅持自我與執著的精神，為生命帶來了無限的可能性。

　　波斯菊總能在最適當的時機為自己挺身而出，也因為祂不畏懼外人的看法而贏得了眾人的喝采。當面臨各種困難及考驗時，要能無所畏懼，果敢而有智慧地去看待，只要靜觀其變，一切事情將會迎刃而解。在別人徬徨無助時，波斯菊也會適時的伸出援

手，往往能在最恰當的時間點，讓他人得到最大的協助。

　　在植物界中，波斯菊帶著難能可貴的直心，在人世間貢獻自己所長，運用智慧及圓融的處事態度面對問題。世事難料，人生中常常會有突如其來的事情發生，要如何能夠無懼地去面對，是要有著像波斯菊的特質。當你面臨不知所措的窘境時，可以祈請波斯菊的植物療癒能量，爲你帶來處理問題的勇氣與能力。當你能不畏懼旁人的眼光時，你就戰勝了自己，向認清自我邁開了一大步。

　　當一個人需要波斯菊的植物能量時，就是必須接受自己與事實的時刻，不管目前的狀況多麼不利，你都必須對生命懷抱希望。也許你該停下腳步尋求旁人的協助，有什麼事情是目前所擔憂的，釋放你的所有憂慮，讓波斯菊的能量，協助你找到最好的解決方式。你會發現自己並不是孤立的，身旁還有許多關心你的人，只不過長久以來你忘了他們的存在；此時只需讓波斯菊的植物能量帶領你接受眼前所發生的一切，並感謝所有磨難你的人、事、物，你將因而重生，得到最大的祝福，同時明白這是上天對你的恩寵。你將走在自己的人生道路上，一切都會變得更美好。

朝鮮薊
Artichoke

付出與關懷

帶著感恩的心，享受每個當下，
你將會擁有一切的美好。

朝鮮薊花仙 Drentorame 的訊息

　　朝鮮薊有著美麗的黃色、紫色花朵，為一年四季生植物。相傳朝鮮薊曾是天上的仙人，被上天派到人間來協助人類。他幻化為一名年輕男子，背著草蔞四處行醫。一天，他在步行中看到一株藥草，知道這種植物能化瘀行血、有益筋骨，是來自天上的仙草，於是將之放到草蔞中。當時某個國家的公主正患了一種無法醫治的怪病，於是國王下令，只要有人能醫好公主，就將公主許配給他。這位年輕人就用這株仙草將公主醫好，但他因此不能再行醫救人，也無法完成上天交託給他的使命。他非常苦惱，希望自己死後能成為一株可以療癒人的植物。後來他的墓地上，果真長出一株植物，就是朝鮮薊。朝鮮薊流傳的故事顯示他有著濟世

救人的精神，能協助他人減輕病苦。其生存的意義是為世人謀求最大的福利，不問收穫只求付出。

朝鮮薊能療癒人們無法信任生命的問題，讓人了解到只要活著，每個人都有需要面對與學習的人生課題，知道如何享受生命中的酸甜苦辣，明白無論喜悅或悲傷及各種困難，背後都隱藏了重要的意義，祂讓每個人從中體悟與面對個人修行，就是祂顯化的目的。長久以來，人類忘記了生活的本質，無法從中體會生命的過程是藉由各種試煉來了悟生命的實相，不再向外追求；無所求的心，將為你迎來最大的祝福。然而，人類卻捨本逐末的只追求外相，忘記享受生活的每一刻，不斷希望達到自己想要的目的，也錯失了享受過程與體會生命的重要性。只需要在每個幸福的瞬間，帶著喜悅的心祝福一切，沒有什麼是比這個更重要的了。朝鮮薊擁有人類長久以來忘失的真心，能協助一個人回歸內在、信任生命的過程，從服務他人、濟世中提升與轉化自己。

當你需要朝鮮薊的植物能量時，意味你應該重新看待生命的過程與目的。不要在意自己的付出有沒有得到回報，也許時機還未到，把你的擔心交給上天，你只需往前走；有一天，你會無意間發現所有的美好，但不要忘記享受這一切，並帶著感恩的心，你將更容易面對生活。

九重葛
Bougainvillea

自我生存價值

不需要藉助外在的掌聲來認可自
我的價值,你是最棒的!

九重葛花仙 Santricedone 的訊息

　　九重葛為藤本植物,在植物界一直守護著向下扎根的穩定力
量。長久以來,九重葛默默付出,貢獻自己,不求回報,為所有
人類及植物界帶來穩定祥和的能量。長時間以來,人類在自己的
世界中建構了許多遠離自然的高科技社會行為模式,而忘記了植
物界的存在,以及人類依存植物的事實,因此離自然界越來越
遠,也遠離了自我,造成不斷的向外尋找。

　　然而,九重葛無所不在的生命力,就如其蔓藤,有很好的攀
附力量,只要些許的滋養便能存活。九重葛以自我生存的價值,

為所有的生物界證實，萬物皆有其生命任務，只要你願意付出和貢獻，想要得到怎樣的人生，就必須從自身做起，願意改變是一個起點，從現在讓自己開始行動。就好比每個人都有自己的人生位置，不需要和他人較勁，因為天生我材必有用。

當你需要九重葛的植物能量時，代表你該回到自己的內心深處，重新省思自我存在的意義，不要倉促的向外追求，調整生活的腳步，並肯定自我。當你願意回到內心的源頭，此時沒有什麼比讓自己穩定下來，自得其樂要來得更重要，這樣就能夠找到自己的位置。此時的你需要穩定下來，不用急於證明什麼。你現在需要呼吸新鮮空氣，到戶外走走，找回和植物連結的那份力量，讓自己在個人和宇宙間找到生命的平衡點。

你所顧忌的事情，會成為你的阻力，唯有看清楚真正的問題所在，才能確實清除你的障礙。這是你該放下自我包袱及所有思想的時候了，不要猶豫，這是一個契機點，唯有放下才能得到更多。不要灰心，你只需要做出改變，所有事情都會朝向正確的方向前進。

芥蘭花
Mustard Flower

為生命帶來希望

看見生命的美好，釋放負面的情緒，珍惜生命的每個當下。

芥蘭花仙 Tricend 的訊息

　　芥蘭花散發著淡淡清香，為人類帶來渴求生命的能量，其富有朝氣、向陽的特性，也象徵著為生命帶來希望。芥蘭花雖然不起眼，卻能肯定自我存在的生命價值；他不在意是否成為他人最重視的對象，卻明白個人的方向與目標。

　　芥蘭花有著主宰自我生命的特質，向人類訴說著生命的可貴。長久以來，祂一直守護及傳遞這份能量，也希望藉此喚起所有生命看見自己的獨特性。要能覺察生命的每個瞬間，不要讓不重要的事情去影響自己。這是現今人類世界中，必須被了解與認

知的部分。

　　長久以來，有許多人因為對生命的不重視而輕易了結自己，無法深刻的了悟所有生活的困難都是能從中學習的考驗，沒有什麼事情是過不去的，只有你不願意真正的去放下。當一個人無法了解箇中道理時，就容易向命運低頭，有太多人因此結束自己的生命，這正是芥蘭花能夠療癒與存在的目的。

　　當你需要芥蘭花的植物能量時，代表你可能需要檢視在自己的人生過程中，是否曾經有過輕生的念頭，亦或是無法肯定生存的意義。此時的你需要芥蘭花的能量，協助你看見生命的美好，並珍惜、寶貴自己的生命。只要你願意正視目前的自身問題，並且擔負起自己的責任，以樂觀的態度去面對，就可以克服所有的困難。你需要重新釐清目前許多生活狀況、人際關係及情感的部分，讓你清楚是什麼樣的問題讓自己陷入負面的情緒，而無法肯定自我並質疑生命的存在。卸下自己的心防，不需要把事情想得太過複雜，單純的去處理問題，你會發現所有的一切都變得很容易解決，讓芥蘭花的能量協助你完成這項人生課題。

金銀花
Honeysuckle

不畏艱難，完成使命

以大無畏的心，戰勝所有困難，
就能窺見生命的實相。

金銀花仙 Tricnoce 的訊息

　　金銀花具有高雅的特質及堅定的目標，為完成個人的使命而努力不懈。金銀花擁有療癒內心長久且深層傷痛的特長，相當有親和力，總是能在適當的時機展露個人長才，目標清楚的走在人生的道路上。

　　金銀花從不拘泥旁枝末節，能夠明確的朝向需要完成的目標，其大氣魄的果斷力總是讓旁人嘆為觀止。金銀花有著許多不為人知的心酸故事，從不輕易向他人吐露心事，以大無畏的心，去戰勝所有困難，堅持守護植物界帶來的能量，不畏艱難的協助

人類完成歷史上許多重大轉變，總是孤軍奮戰達成個人使命。

　　當你需要金銀花的植物能量療癒時，就代表你要肯定自己具備了療癒他人的能力，你一向直覺敏銳，需要好好開發及認可自己的靈視力。此時此刻是你向前邁進最好的時機，不要考慮太多，現在的你只要下定決心，就會擁有不一樣的局面。不要忽略自己的感受，協助他人走在自我的人生道路上。此時你只需要接受自己，不要害怕內在的力量，跟隨著上天的旨意，你將找到自己的康莊大道。

　　你要注意身邊一直出現的徵兆，這對你會有很大的幫助，可以協助你更迅速的完成預定目標，沒有什麼比現在更適合去改變目前的現狀，不要遲疑，讓金銀花的能量協助生活帶來轉變，適時找到可以抒發情緒的方式；也許你可以找個傾吐的對象，讓別人協助你走過內心的徬徨與恐懼，如此你將會更有力量往前邁進。成功和失敗都不能代表什麼，這些人生的經歷與過程，只是協助我們去更貼近生命的本質。

鳳凰花
Flame Tree

對生命信任與熱忱

以無所求的心去付出，以感恩的
心去貢獻一己之力。

鳳凰花仙 Partrice 的訊息

　　鳳凰花代表繁榮復甦的景象即將來臨，也意味前途似錦。相
傳許多戀人會在鳳凰花開時在樹下互許終身，據說這將爲彼此帶
來好運與好結果。當初鳳凰花帶著個人使命與信念來到人間，是
希望世人能藉由他守護的能量對生命產生信任，對生活抱持熱
忱；這是生命存在極重要的部分，要無所畏懼勇往直前，以眞誠
的心看待一切，對生命堅持到最後一刻時，就能了悟箇中道理，
及隱藏在背後的重大意義。

鳳凰花覺得世人太過愚痴，總是以短淺的眼光面對問題，以為只要結束生命，所有的苦難就會過去，卻不知真正的痛苦才要開始。人們以逃避面對生命的方式已違背了宇宙的倫常，不但無法從中得到解脫與昇華，也錯過了藉由生命學習的機會。

鳳凰花帶來對生命的希望與熱忱，期望喚起世人對生命的信任，而透過信任才能接受一切的過程。同時人們也必須了解任何事情的發生都是對自我的考驗，讓人從中學習，並能真正的面對自我。

有太多時候，人們只站在私我的立場看待世界，而沒有考慮其他人的存在。當一個人只從自己的眼光看事情時，就會受限於個人的想法，人生何其有幸，能夠彼此相遇，就不要浪費太多時間在枝微末節上，讓自己透過鳳凰花的能量，敞開胸懷，去迎接屬於自己的美好人生。

當你需要鳳凰花的能量時，意味你必須重拾對生命的熱忱，要抱著希望去過每一天，並放下許多小我的想法，此時的你要致力於利他的服務與貢獻。當你能為眾人的利益而努力時，宇宙將給予你最好的回應——讓你達成個人的目標與實現正面的想法，這是宇宙的能量法則，而此真實的道理也是植物界要傳遞的訊息。

32

岩蘭草
Vetiver

穩定的生命力

堅定人生信念，勇於做出決定，
活出自己想要的人生。

 岩蘭草花仙 Brandengi 的訊息

　　岩蘭草沉穩的能量，來自其生命的韌性與向下扎根的力量。
祂帶給人類安定的感覺，讓人們感到如同回到了自己的家。世上
有許多人內心是孤單的，即使出生在大家庭，他們依然如同漂移
的浮萍，找不到歸屬。這是因爲母親在孕育胚胎時，沒有感受到
家庭的溫暖，而內心的疏離感與寂寞，便感染了待產的嬰孩。岩
蘭草能夠協助這些不安定的靈魂，回到自己的第二脈輪，找回內
在的靈性之家，使自己成爲個人的家、小宇宙。

　　生活中沒有運用第一、第二脈輪的人，生命如同生了病。他

們的氣場虛弱、缺乏元氣、臉色蒼白，走起路來腳步無力；如果在女性身上，常會引發婦科方面的問題，並難以受孕。岩蘭草是以根部為重的植物，帶來豐富內在，向下紮根的能量，協助人們透過第一脈輪的能量恢復穩定，再扎根到第二脈輪，並以意念讓個人小宇宙形成的氣場與宇宙大氣場產生互動，使能量充滿全身讓生命活躍豐沛起來。當需要岩蘭草的能量時，你可以採養氣的作息，從飲食、睡眠習慣等來調整生活，以配合宇宙的韻律，因為穩定的生命力，來自於堅定的人生信念。當你覺得目前的生活或婚姻正處於動盪的時期，就需要透過靜心、觀氣，讓自己內在的小宇宙連接大宇宙的氣。此時你只要相信自己，勇於做出決定，不要擔心因為行動之後，所帶來的結果。

　　岩蘭草所帶來的穩定能量，能讓我們感受到，因為有愛就能夠讓生命精彩。一個人要能有所成就，無論是工作、事業、婚姻或家庭等方面，都必須憑藉穩定的力量。勇敢做自己，活出自己想要的生活，人生總是有許多需要經歷的過程，不要因為過往的傷痛和恐懼，而阻礙了自我的成長，和我們想要追求的生活。

橙花
Orange blossom

寧靜之美

透過淨化身心靈,穩定靈性,回歸本初。

 橙花花仙 Kelanna 的訊息

橙花雖然優雅卻不嬌貴,是夜晚的香花植物,清澈的氣味帶給人們舒服、柔軟與寧靜的感覺,使所有不安定的靈魂得到慰藉,因為真正的寧靜是源自於內心的無諍,樸實無華,沒有辯解,順從本心而無為。

橙花對應的第六脈輪常受到人們的曲解,以為超感能力的獲得是透過刻意追求,而不明白人天生就具有第三眼,所以毋須強求,只是需要波動的能量與淨化才能啟動。人們可以藉助橙花清澈明亮的頻率,潔淨自己的第六脈輪,使歷經洗滌的第三眼因而

重生。如此獲得的靈視力，能夠讓你連結過去、現在與未來，使你擁有一切。

第六脈輪的穩定，在靈視力的使用上也極為重要，而橙花的寧靜能夠穩住經淨化啟動後的第三眼，並使你安住於此。寧靜致遠是橙花所帶來的生活方式，是希望眾人能真正回歸本初，不忘初心。恢復本初狀態的第六脈輪，能使一個人連結到他內在的靈魂，同時在第七脈輪與高我連結後，他才能找回自己的神性。

當你與橙花的能量共鳴時，就代表你的身、心、靈有所分離，可能過著過於物慾的生活，不相信自己內在的靈性。你可能正面臨人生的轉捩點，即將從純物質的世界步入靈性的領域。此時，你需要從事靈性的活動，比方課程、聚會等，也可能需要進行為期一到三個月的靈性淨化（療程），來連結自己的第六脈輪。當生活中出現許多不順遂時，意味著你需要祈請橙花花仙為你帶來的淨化能量。你可以透過觀想，淨化「以有限思考，思量無限未來」的舊有模式，與衍生於此的種種想法與意念，最終回歸到「無念之思」的境界，你就能重新啟動人生，找回對個人神性的信任。

雛菊
Daisy

淨化與轉變

勇敢表達自己真心的想法與感
受，讓生命開始改變。

雛菊花仙 Kashambas 的訊息

　　雛菊的外表平實，處處可見，且容易栽種。然而，平凡的雛
菊有其不凡之處。雛菊的花瓣純白、潔淨，代表第五脈輪的淨
化；黃色的心蕊，則象徵必須透過通暢的第五脈輪傳達出的生命
力。

　　現代人往往因爲過去表達的負面經驗，在溝通上害怕被拒
絕、不被贊同，於是開始壓抑自己的第五脈輪。然而，一個人該
說的話沒說，或說了未經淨化而不該脫口而出的話，喉嚨就會呈
現較多的火性能量。喉嚨的感染、發炎、聲音嘶啞、咳嗽、肩頸

僵硬、扁桃腺與甲狀腺等問題，是身體發出的警訊，提醒你需要淨化第五脈輪。

　　此時，你必須勇於說出想說的話。運用第六脈輪的智慧來判定你要表達的內容，不受他人想法的牽制，不以維護個人利益、小我的生存為溝通的出發點，不要讓眼前的事物影響你，勇敢地說出自己的想法，所有的事情都會有所改變，如此才能誠實的面對自己。然而，這也常是第五脈輪出狀況的人會有的難處，因此無法自行淨化，必須請求雛菊的協助。只要我們願意誠實的面對自己，真心地去看待一切，你所在意的事情，會得到上天給你的回應。

　　有了第五脈輪植物能量的支持，如果你身為演講者、業務人員或其他透過聲音工作的人，亦或在經營兩性、親子、師生等關係上，無法如願的吐露心聲，就必須定期淨化第五脈輪，並在過程中請求雛菊的協助。你可以對一個信任的對象訴說心裡的話，吟唱具治療效果的歌曲，誦持能洗滌第五脈輪的咒語或經文。

　　要知道淨化與開啟第五脈輪是使生命流暢的關鍵，因為只有透過表達，一個人才能展現個人想法、創意、力量與行動力，讓自己盡情揮灑生命，不必太難過你的付出沒有得到回報，坦然地接受目前的現況，你會發現生命會有不同的轉變。

　　不要猶豫，現在正是你轉變的開始，勇敢的迎向未來吧！

杜鵑
Rhododendron

開啟宇宙溝通管道

透過和高我連結，重新面對自我
的生命課題。

 杜鵑花仙 Larible 的訊息

　　杜鵑為三月開花的植物，蘊含著天地之間的正氣，為正義的
化身。杜鵑帶著先天之氣下生人間，希望藉此提醒植物界及人類
不要忘了自己從何而來，又應從何而去。杜鵑希望所有看見祂的
人都能心生歡喜，並看見希望。祂願意成為和上天連結的管道，
作為協助人們與上天溝通的途徑，其最終目的，就是要人們找回
與個人內在靈性的連結，藉由相信上天打開和宇宙的溝通，讓自
己找回神性的部分，這是長久以來天地間恆長不變的道理。

　　人們由於種種因素而忘記了本心、本性，迷失在幻化的世界

中，失去正義感，違背了倫常；因為錯誤的認知，而無法走在正確的人生道路上，也因為忽略了要時刻讓自己回到內心，保持著不變的初心。因此必須來回於人世間，不斷重新面對自我的生命課題。當人們可以了悟這個道理之後，就可以見到真理，而不需向外尋找，因為真理本是宇宙的實相，不假外求。當一個人可以參透這些道理時，就能體悟到「當下即是」「直了真心」，因為世間的美好，皆來自於真心。

長久以來，人們習慣把事情複雜化，並常常刻意偽裝自己，築起一道道的心牆，看似讓人無法傷害自己，卻也阻礙了自己與宇宙之間能量的交流，無法成為天地之間的管道，並因此將自己困在痛苦的深淵，陷溺於無法自拔的自怨自艾中。

當你需要杜鵑的植物能量時，正是你應該重新回到上天的懷抱，讓自己與高我（神性）連結的時候。你不需要遲疑，每個人都應該記起自己的源頭與歸屬，沒有什麼比真心實意地面對彼此，要來的更重要了。透過和高我連結，好好地去梳理自己目前的生活，只要願意接受杜鵑的療癒能量，你就可以讓自己重新找回屬於個人的力量——這股天地間的正氣。此時你需要做的是祈求杜鵑花仙，帶領你找到自我的人生道路；只要信任與願意，你就可以重新開啟人生嶄新的一頁。

36

鳶尾花
Iris

生命流動之水

釋放、淨化，來自母親身上的負面情緒。

鳶尾花仙 Bellahina 的訊息

　　鳶尾花豐沛的生命力如同流水，亦好比第二脈輪中流動的能量。而「生命流動之水」，是鳶尾花賦予第二脈輪更深層的意義，有著一份來自於和母親連結最深的能量，可以帶來最大的治癒力。

　　未出生的嬰孩透過第二脈輪與母親相連，並從母體的第二脈輪接受生命泉源的滋養。在此洪流中，人類孕育而生，並接受淨化，使生命能量因而重生，對人生的認知再次歸零，讓每個來到世上的新生命都有著最初可愛的模樣。鳶尾花提醒人們當初降臨

地球的過程，就如同累世與母體連結時的狀態，即便你今日早已呱呱墜地，也不要忘了自己必須回歸本初的面貌。

　　當你自己有第二脈輪的相關症狀，例如女性、男性的生殖系統方面的問題，就代表第二脈輪堵塞，淤塞的能量可能源自母親尚在懷胎的時期。你可以想像鳶尾花的能量注入第二脈輪，滌淨你的第二脈輪，並且清除從母體接收到的負面能量。在淨化孕育個人生命的過程以外，也要協助自己的母親療癒。鳶尾花可以協助你淨化第二脈輪，藉由淨化達到能量的提升。

　　如果一個人對母親的怨懟太深，可能是來自於被遺棄的情緒，或是無法原諒母親帶來的傷害，亦或是許多想說的話和無法表達的情感，可以透過鳶尾花的能量去傳遞。此時也可以祈請代表母性能量的神祇，協助自己進入與母體連結的淨化過程。

　　懷孕中的婦女必須意會到她的言行、意念及生活環境，都會影響待產的胎兒，因此她也可以透過鳶尾花的協助，淨化之前的負面情緒，並感謝新生命的到來。

霍香薊
Flossflower

釐清生命目標

不要放棄，勝利是屬於能夠堅持
到最後的人。

 霍香薊花仙 Trichomen 的訊息

　　霍香薊是一種很古老的植物，花期為九月至翌年五月。在古
代醫典中，被用來治療風濕、關節問題及利行氣的補身藥草植
物。相傳太陽神阿波羅曾經為了表達善意，而將霍香薊送給宙
斯，因為霍香薊是一種相當珍貴的植物。霍香薊也曾在植物界被
視為奇蹟，因為不管多麼惡劣的環境，他都能活下來，在夾縫中
求生存的精神與毅力，是人類值得學習的長處。

　　長久以來，霍香薊守護著利他及大無畏的植物能量，希望所
有人能夠釐清個人的生命目標，勇往直前、完成使命。然而，長

久以來，有太多人忘卻了生存的意義，失去了挑戰生活的動力，無法在困難中磨練鬥志，在失敗中成長學習，反而陷溺於生命的困頓中而無法超越，大膽地去嘗試以往畏懼的事物，讓霍香薊的能量協助你一同面對。

霍香薊能視各種困境為邁向成功及成長的必經之路，站在利他的角度，讓我們不必在事情沒發生前就預設立場，只要順其自然，無所畏懼地坦然接受目前的狀況。無懼的面對各種問題，這也是目前許多人需要積極培養的心態。當一個人能夠站在不同的生命觀點面對人生課題時，會發現自己時常以個人有限的觀點看待無限的世界，而太常受到自我執念的設限。如何讓自己生存得有價值、活得有意義，就必須無畏生活考驗，從中去體會以及了解。

霍香薊不單能協助你無畏的達成個人目標，也能為你帶來較陰柔的女性特質，如此一來，在面對各種問題時就能夠以柔克剛、運用堅定柔軟的力量，以退為進，處理生活周遭的事物。因此當你受到霍香薊的召喚時，就代表要去檢視自己的生活及處世態度，自己是否常過於擔憂，亦或總是優柔寡斷無法抉擇，或是行事作風總是太過強硬而處處碰壁等等。這是你該改變想法和做事方式的時候了，以無所求的心，為你迎來最後的勝利。

讓霍香薊協助你改變吧！

桔梗花
Chinese bellflower

相信真理的存在

靜下心和自己獨處，去感受來自
宇宙能量的生命力。

桔梗花仙 Greatave 的訊息

　　桔梗花為多年生草本植物，其不凡並非來自於外表，而是祂
對植物界造成的影響。當時的植物界呈現疲軟衰退的狀況，這是
宇宙的正常法則——所有萬物都會生滅復甦。就在這時候，桔梗
花展現了祂的特長，為眾人帶來信心及堅強的毅力；因為祂相信
真理，因此能夠堅持的走在自己的人生道路上，不受任何困難的
影響。

　　桔梗花不畏艱難、勇往直前的特質很具有感染力，常讓人們
在風雨中生起信心。除了具有這樣的特質以外，其強而有力的生

命力也值得人們學習。桔梗花常讓人感到神采奕奕、特別有精神，最主要是因爲祂對上天及眞理的信任；知道萬物皆來自宇宙能量的源頭，而能量無所不在，且來去自如，人類也生於其中。當人們對此有所體悟時，就能夠知道萬物合一的道理，這就是爲什麼桔梗花有特別強的信心，因爲祂知道自己出自於源源不絕的能量，也因爲如此，似乎總有用不完的精力。

　　桔梗花爲人類和植物界帶來的堅毅力量，讓人感覺處處有生機。其絕處逢生的特質，讓祂成爲一個很好的帶領者，其群眾魅力來自於個人的信念。具有桔梗花性格的人往往都是很好的宗教家、領導者及演說家，藉由讓人感到如痴如醉的演說，帶來療癒信心的能量，讓我們知道在任何時候都不要灰心，因爲上天已慢慢地以你可以接受的方式去回應你。

　　桔梗花能協助人們相信眞理的存在，並依自身的堅持走在生命道路上。桔梗花提醒你不要忘了自己是宇宙的一部分，所有的力量都來自於內在，並與宇宙相連；而彼此之間的連繫與生命的流動，起源於自己的意念，以眞誠的心去看待周遭的一切事物，你會發現所有的事情都變得簡單了。在轉念時，你將會有取之不盡、用之不竭的宇宙力量。

朱槿
Hibiscus

樂觀進取、積極面對

此時你需要積極向上的態度去面
對生活。

朱槿花仙 Herican 的訊息

朱槿為多年木本植物，全年開花。朱槿的功效家喻戶曉，被
廣泛的運用於治療腸胃問題，有解熱、退燒與抗炎的效果。相傳
在月圓時，將朱槿的種子放在枕頭下會帶來好運，能夠使人心想
事成。據說在新婚夫妻的床上灑上朱槿的種子，也能為新人帶來
祝福，讓夫妻百年好合、早生貴子。

朱槿開著紅色的花，象徵生生不息，並帶來復甦繁榮的景
象，也具有才德兼備的特質，處處展現睿智。朱槿生性樂觀，相
信只要願意付出，必定有所收穫。無論生活中遇到各種困難，能

夠積極向上、樂觀堅持，是朱槿帶來很重要的能量。朱槿守護著如此的植物能量，並感染及影響周遭的人，也因為如此，使祂具有相當的影響力。

　　人們透過朱槿所守護的能量，能夠明白各種事情的成敗乃來自於個人的態度及理念。一個人的人生是由人格養成，不論是處在人生的何種階段，都應該抱持著一份對生命感恩的態度，而這些特質是可以積極努力培養的。朱槿帶來希望為眾人守護著積極面對、勇敢承擔生活的植物能量；秉持這樣的精神，協助人們面對生活的種種困難。

　　無論何時，人們都需要朱槿的植物能量，祂能夠為個人帶來努力向上的精神。因此，當你對未來感到無助與失去方向時，可以祈請朱槿為自己帶來信心；在碰到困難時，也可以讓朱槿的植物療癒能量為你帶來面對的智慧。當你需要朱槿的能量時，就代表你要有自覺的去檢視生活，看看是什麼讓自己停滯不前，亦或有什麼煩心之事困擾著你，阻礙了生命的流動。不管你是否能了解，此時是使用朱槿協助你的最佳時刻，將擔心交付出來，讓自己跟隨朱槿學習與成長。

橡樹
Oak

穩定內在男性力量

療癒與父親之間的關係，能協助
你找回內心的踏實，不再盲目的
向外追求。

 橡樹花仙 Koshida 的訊息

　　橡樹沉穩的力量來自穩定的底盤，其交錯的根部能吸取最多的地氣，厚實的樹幹代表著堅固的能量，能促進和諧；因此，祂曾為當初剛來到地球，尚處於混亂的精靈世界維持了和平。橡樹的力量也能夠協助動盪的靈魂，療癒因前世傷害而破碎的心靈，使他們在轉世為人時，能夠連結土地，繼續在生命的旅程上往前邁進。

　　只要人心感到不平靜，世界就不會安定，而橡樹具有的向下扎根力，可以恢復心的平和，所以只要有栽種橡樹的地方，就具有穩定祥和的力量。一旦人類穩定，君臣、父子之間的關係也會井然有序。

　　許多世間人因爲缺乏父愛而飄忽不定，一個人要能穩定，除了靠大地之母的滋養外，父親的能量也很重要。父親的形象與能量在宇宙中的象徵爲「陽光」與「天」，意味人類與天的連結和父親息息相關。假如一個人內在的男性能量不穩定，就代表他與父親及天的能量失連，會使他不斷的向外追尋，直至心力交瘁。所以與父親的連結與能量互動，是家族與民族最堅固的盤石，如果沒有回歸此基本點，一切都會不穩固。

　　橡樹可以療癒對父親能量的需求，子女從小若與父親有良好的連結，長大成人後，通常就比較能夠獨立自主，正面與勇敢的面對生活中的考驗。當一個男人在做父親時，爲了滿足自己童年時的缺憾，而變得像小孩一樣不願意承擔責任時，我們也可以透過橡樹的能量，協助他療癒，並滿足他未從父親那裡得到的力量。

　　如果你受到橡樹的吸引，就代表你內在男性穩定的力量不足，穩定的力量源自於內在，當個人可以意識到這份力量時，就是轉變的開始。橡樹所帶來的沉穩能量，可以協助我們釐清目前所處的環境。現在的你只要勇於承擔，就能夠改變一切。然而這也表示你正處於身心交瘁的時候，需要重新調整能量。你可以尋求橡樹的協助，療癒殘缺的心靈能量，讓你重新找回生命的基石。

雪松
Cedar Tree

回歸、淨化、向上提升

想要擁有怎樣的人生，取決於個
人的作為和決定。

雪松花仙 Dearisa 的訊息

　　雪松具有穩定內在與向上提升的能量，並擁有淨化的特質，
能使身心沉靜，清澈個人思緒，協助人們在回歸自我後，得到靈
性的昇華。

　　雪松是維持宇宙植物界的磐石，帶給人們安定穩固的力量，
能喚醒沉睡的心靈。而其向上提升的特性，可以促進個人身、
心、靈的連結。當一個人感到無力承受生活的重擔時，可透過雪
松穩定自己的內在，想要得到怎樣的結果，就必須從現在開始，
不要有任何藉口，一切事情的發生，皆出自個人的作為，想要擁

有什麼樣的人生，也取決於自己的決定。讓自己回到靈魂的深處，在身心的靜定中找到生命的依歸。因為當一個人回到內在的穩定之後，就會知道該如何重新出發。

宇宙包羅萬象，存乎於個人的心念，一動一靜之間，即造就了個人的世界。若要真正體悟生命，就必須洞見事物的本質，站在綜觀宇宙整體的觀點來看，許多站在小我的想法是很微不足道的。帶著對天地敬重的心念，去看待萬事萬物，你會發現自己所知的甚少，而雪松正可以協助人們擁有洞悉力與靈視力。當人生碰到挫折與困難時，如何讓自己回歸內在看清事情的真相，是相當重要的事情。此時，雪松的能量可以協助個體回歸自我並向上提升，踏上靈性的道路，不迷失在外界的環境中。

雪松也有助於面對死亡的恐懼，讓人找到靈性的歸屬，使生命得到依靠。雪松帶來將混沌化為清晰的能量，讓我們能夠在淨化後帶來重生。所以當你需要雪松的能量時，即意味靈性上的改變，這樣的蛻變將為個人帶來不一樣的生活。

百聖薊
Holy Thistle

傾聽者

找一個你可以信任的對象傾吐心事，解開你內心的糾結。

 百聖薊花仙 Iceroma 的訊息

百聖薊為多籽植物，於清晨開花，花季不長，於四到六月開放。相傳百聖薊是一種非常古老的植物，在白堊紀的恐龍時代就已存在。百聖薊流傳著許多神話故事，據說維納斯女神曾經將他獻給傾慕的對象，但對方卻不領情。因此，維納斯常常望著百聖薊落淚，而讓他冠上了「失戀之花」的名稱。從此以後，只要有人餽贈百聖薊，就代表拒絕對方的愛意。因為心動是源自於內心的悸動，是一份真誠純粹的意念，在愛的關係中，這份純淨相對重要。

　　相傳百聖薊也有過感人的愛情故事，在百聖薊還是位天神時，因為愛上了凡間的女子，願意為她留在人間，守護並支持對方；但因為雙方的情愛無法結合，只好讓這份愛昇華為最好的友誼，因此他希望來世能化為花仙，守護並帶來這份能量。所以百聖薊還有珍惜友情的不同涵義，友誼長存是給予彼此最深的祝福。

　　百聖薊有著樂於助人的天性，很能夠成為眾人的朋友，主要是因為他具有願意傾聽的特質，願意在別人需要他的時候，成為他人的精神支柱，傾聽是最好的療癒，當你學會傾聽自己與他人時，你就已經開啟了豐盛之門。百聖薊會是很好的治療者來自於他柔軟的特質，以及富有彈性與豁達的人生態度。當你願意展開雙臂，迎接百聖薊的能量時，就意味著你已經踏上療癒之旅，朝向靈性的殿堂。

　　在感到失意及徬徨無助和面對許多困難與挑戰時，可以讓百聖薊植物療癒的能量協助你得到支持。這個時候，你可以向百聖薊花仙傾吐個人的心事，在釋放負面情緒及放下執念後，就能因此看開，而變得更快樂。

5

花仙療癒占卜卡故事

❧ 紫金花的療癒故事 ❧

　　紫金花的人擅於溝通、表達，同時也具有很高的創造力、意志力和決斷力，擁有這樣特質的人，毅力比一般人堅定，直覺力更是過人。

　　許多從事教職的人大都擁有紫金花的特質，然而在知道自己擁有這種特質之前，我甚至不知道紫金花是什麼樣的花。

　　在我的生命過程中，有很多事都是走在前面的。沒有人告訴我下一步該做什麼，我卻常有「就應該做這個」的想法。比如十幾二十年前，根本沒有人聽過「花精」，更別說去運用了。但那時，直覺告訴我，花精是值得專研的身心療法，而且我有責任將花精介紹給更多人知道，讓更多人得到必要的協助。

　　但是，真正讓我得到最大幫助的，是在接觸花仙療癒系統之後，從了解訊息能量花精到療癒工作坊，得知想要獲得最大的治療時，可以透過和每種植物的守護神祇作連結。當我們感謝植物花仙為我們帶來的協助後，身心就能平靜而啟動療癒。記得有一次在大學舉辦工作坊時，有一位從事教職的老師在連結了花仙之後，得到很大的啟發。她認為自己具有紫金花的特質，當她身心疲憊時，透過連接宇宙紫金花的星光，就能讓自己身心平衡，能量飽滿，因而直呼不可思議，也覺得花仙療癒占卜卡的示意，正是自己所面臨的問題。有了這樣的體驗，她對生命更具熱忱，也

更清楚自己的人生
方向。

　　這一切都源自於紫
金花的特質。它主宰了第五
和第六脈輪，擁有很強的直覺
力，也有很好的表達能力，能
夠充分且清楚的將想法傳遞出
來，讓所有人明白。

　　紫金花特質的人可以透過第五和第
六脈輪來完成自我內在的溝通。當你意識到自己
個人的使命或生命的價值時，就會願意去付出，所以很多
擁有紫金花特質的人，多半都從事像教職、演說家這類工作，因
為他們都具有溝通者的特質，越溝通，直覺力就越強，也越能協
助自我了解。

　　擁有紫金花特質的人，一旦設立目標，不管遇到什麼困境、
阻礙，都會堅持到底。由於有很好的表達能力，不但讓自己成
長，也可以讓周遭的人成長。這份優勢如果運用在事業上，也能
得到較大的助力。

　　此外，紫金花的人思緒也極清晰，所以對事情的因果能夠想
得十分透徹，因此能療癒人的內心，幫助不擅表達、無法將問題
思考清楚的人，得到良好的解決方法。

～ 朝鮮薊的療癒故事 ～

相傳朝鮮薊原本是天上的仙人，投生來到凡間行醫救人時，利用了一株神奇的仙草，治療了當時無藥可治的疾病。他死後，墓地長出了一種植物，就被稱為朝鮮薊。

這就是朝鮮薊的特質：永遠願意付出，不斷的幫助別人。

當我知道了朝鮮薊的特質後，立刻就想到詩穎，她不正是這樣的一個人？

詩穎是精神科的護理人員，目前在政府機關附屬的醫院擔任護理長，專門負責心理諮商和團體治療。當初會選擇這個工作，就是源自喜歡助人的個性。

在人群中，她彷彿是個天生的慈善家，不但有顆極其柔軟的心，只要一有機會，絕不吝惜付出自己的能力，協助需要幫助的人，而且絲毫不求回報。

舉個例子來說，她研究自然療法多年，深覺得自然療法對健康有很大的助益，為了推廣自然療法的觀念，她不惜利用公餘的時間，四處去演說、示範，只希望能夠讓更多人知道自然療法的好處。

或許就是因為要顧及工作、又要照顧家庭，還要利用時間做推廣，過於忙碌的生活讓近四十歲的詩穎，看起來卻像極了五十多歲的人，兩鬢早有了白髮，卻從不曾聽她有任何怨言，更不曾

看她停下腳步，放棄任何一個能夠幫助別人的機會。

但是這樣的奔波，讓她身心疲憊，失去了活力。就在她考慮是否應該放棄自己的堅持時，她接觸了花精。原本詩穎在醫院的工作上，就接觸了許多花精系統的治療，運用在病患身上都有不錯的成效，但不知道為什麼在自己心力耗盡的同時，卻不知道哪種自然療法對自己是最好的。就如同音樂治療、光療法、靈氣治療、花精治療、心理諮商、團體治療等，在臨床上都有很好的效果，但是要如何結合以及運用，便成為許多治療師的困擾。當詩穎知道了 Dava Satya 訊息能量的治療系統具有音頻、光頻、植物花精頻率的治療能量，而且也教導諮商與團體治療的觀念時，對身為心理諮商師的詩穎來說，就如同在大海中找到了一塊浮木，從此有了確定的人生方向，也在知道朝鮮薊的植物訊息後，利用朝鮮薊的能量幫助自己，不讓自己失衡而保有特質。

當我們忘了生活本質的意義，無法了悟生命的真正意義時，朝鮮薊可以讓我們找回長久以來忘失的真心，幫助我們回歸內在，信任生命。

⊰ 油桐花的療癒故事 ⊱

　　我在工作上有兩位具備油桐花特質的人。他們兩個人有很多共通點，說起話來都很溫婉，個性溫和，節奏比較慢。光是看著他們兩個人，彷彿就能得到穩定的力量。

　　其中有一位從小就非常害怕在眾人面前表達自己，但是成為一位講師卻是她的目標，因此她常常參與許多靈性課程，卻沒有真正改善她的恐懼。就在她覺得想要放棄時，參加了花精諮商師的培訓，而知道自己具有油桐花的特質。她了解只要找回個人生命的節奏，就能克服各種困難。此後她找回了自信，看到自己的長處。現在她是一位很有個人特色的講師，許多人都希望邀請她一同授課。這就是源自於油桐花積極、努力的特質：什麼都願意做、願意去嘗試，只要不失衡，就能夠成就自己，同時也能夠藉由自己的力量去成就別人。

　　另一位具有油桐花特質的同事，學習力很強，只要是她有興趣的事情，就會孜孜不倦的去學習，再苦、再累從不退縮。

　　她也恐懼在眾人面前說話，也因為如此，在工作上總是不能順利升遷。一直到接觸芳療之後，才讓自己比較穩定，但還是難以克服。她悲觀的認為自己天生如此，不可能改變了，但是在得到油桐花能量的幫助後，她覺得找回了自己，也透過油桐花占卜卡的訊息，更清楚自己的優勢，進而找到人生定位。

事實上，具有油桐花特質的人，個性往往較為溫婉，有自己的節奏，能夠讓生命維持在穩定的頻率上。所以擁有油桐花特質的人常常會讓人理解到內在的生命領域，依循自己的生命軌道去展現自己。

就如同我的這兩位朋友，她們很積極、很努力，但是一旦失衡，就會失去與自我溝通的能力。這時，透過油桐花的療癒，便能夠幫助她們回到生命的軌道，自然能順利的度過低潮，找到適合的生命節奏。

⊱ 金銀花的療癒故事 ⊰

認識正芬是在課堂上，她話不多，長得並不是最出色，但出眾的氣質仍吸引別人的注意。

「我從來沒有上過別人的課。」這是正芬和我說的第一句話。

那天，我們坐下來聊了很久。她在公家機關任秘書的職位，因為常面對記者詢問長官的決策或較機密的事情，以致養成不多話的習慣，避免將公事外洩，造成困擾。

「保密」的習慣一旦養成，不論是公事或私事，都免不了要守口如瓶。在職場上，不管面對任何人，她不談不能公開的公事；同時，也不將自己的私事掛在嘴上，以至於她內心的情緒很不容易從臉上被讀出來。

她說自己很孤單，沒有人真正了解她；她說自己很矛盾，希望能夠和別人分享心事，但又怕透露太多，會對她或工作造成不好的影響。所以，她武裝自

己、隱藏自己，在人前，她就像個女強人一般，沒有情緒、沒有自己，可以在很短的時間內將長官交代的事辦好；可以很有魄力的下決定；可以有條有理的將所有的事情理清，但卻無法將隱藏的心酸說出來。

我看她一邊流淚，一邊說著內心的苦，金銀花的影像就浮現在腦海。因為金銀花總是為完成個人的使命而努力不懈，這樣的特質，不就和眼前的正芬一模一樣？

我拍了拍正芬的肩頭，給了她無言的安慰，我想這是她需要的吧！需要一個懂她的人，因為每個人或多或少都有著不為人知的心酸故事，但並不是都能輕易地向他人吐露。就在工作坊課程後，正芬得到金銀花能量的幫助，知道可以透過和金銀花的能量連結，讓自己保持身心的靜定。當她需要有個指引時，就會透過花仙療癒占卜卡提供給她的訊息，找到情緒的出口，因此她希望花仙療癒占卜卡能正式出版，讓她更方便使用。

以金銀花的能量來療癒心靈的傷痛，就能減少心理上的負擔，得到一定程度的解脫。我想這也是目前繁忙的社會中，許多人最需要的協助。

岩蘭草的療癒故事

欣儒和如芬是具有岩蘭草特質的人。

欣儒平常和同事相處得很好，每次看到她總是笑嘻嘻的，彷彿沒什麼煩惱似的。從小，她的家境不錯，物質層面從來不缺乏，也被家人保護得很好，但卻造成她的生活圈狹小。其實這樣的保護，讓她的內心十分孤單。

她工作認真，甚至很衝、很有拚勁，也很有創造力，給人的感覺也很穩定，但卻沒有人知道她經常有輕生的念頭。這是家庭環境造成的，雖然家庭滿足了她所有的物質需求，但卻獨缺了心靈的層面。過度的保護讓欣儒對外在環境一點抵抗力都沒有，一旦遇到問題，心情就會隨之起伏不安。

在還沒有接觸到靈性課程時，欣儒覺得自己不斷的在受苦，直到使用了花精，參加工作坊的課程後，欣儒改變了，她有了生活目標，不再受到情緒的影響。當她了解自己的個性就像岩蘭草一樣時，便不再恐懼。透過岩蘭草能量的幫助，她把孤單轉換成穩固自己的內在力量，找到了人生的使命感，開始成為治療師，希望協助更多像她一樣的人得到幸福。

不論是事業、婚姻或家庭，都必須依靠穩定的力量，岩蘭草的能量就很適合用來作調整。

如芳和欣儒就不同，雖然都具有岩蘭草的特質，但如芳很年

輕時就能善用自己的優勢，穩定的經營一家公司；但可能在商場上太久，如芳的氣質給人感覺比較功利，其實如芳的內在，一直渴求得到靈性上的滋養。

就在如芳使用精油幾年後，深深覺得內在有股莫名的空虛。即便精油改善了她多年的不孕，也讓她重拾健康，但是她就是覺得空虛。在朋友的推薦下，如芳接觸了花精，參加了工作坊的課程，學會透過和植物的能量連結，開始療癒自己。

現在她認為自己得到了靈性上的治療，能更加發揮穩定的內在特質，也找到了屬於自己的成功哲學。這樣的改變，使得許多同業都爭相和她合作。這是岩蘭草具有問題的解決能力與穩固身心力，並找回行動力的最佳寫照。

❧ 橙花的療癒故事 ❧

　　和橙花相應的人有一個共通點，就是擁有「公主的特質」。有的是個性像公主，有的則是長得像公主，不管在任何環境，全身上下總是透著一種「靈氣」，讓人不注意到也難。

　　橙花的本質並不是嬌貴的，擁有這種特質的人，往往只會讓人覺得他很柔軟、很寧靜、很舒服。然而，一旦心輪受過傷，失衡了，就會顯現出嬌貴的一面，讓人無法忍受。

　　嘉玲生長在一個大家庭，兄弟姐妹很多，她在家中排行老五。從小父母因為工作忙碌而無法特別照顧她，但她非常清楚自己想要什麼，也特別有自己的想法。因此國中畢業後就半工半讀，自己在外租房子，經營自己想要的生活。她喜歡寧靜，生活也講究質感，別人眼裡看起來並不起眼、也不昂貴的東西，穿戴在她身上就是好看。嘉玲身心能量平衡的時候，很好相處，也很善解人意；但是一旦身心能量失衡，就會箭拔弩張，活像一隻刺蝟，看到任何人都覺得不順眼。

　　嘉玲在一次感情挫折後，陷入無法自拔的困境。即使別人想幫助她，也無從幫起，因為此時的她特別敏感而容易受傷。狀況嚴重時，嘉玲還需服用精神科的藥物，卻都無法真正改善問題，直到她接觸了花精，了解自己原來就是橙花時，才慢慢走出陰霾。她花了很長的時間，透過和橙花作能量連結，並祈請守護花

　仙幫助自己面對困境，終於，她找到了真正能協助自己的方式。

　　擁有橙花特質的人一旦在情緒上有了缺口，就會嚴重失衡，也因此容易罹患精神疾病，最主要是她們需要找到自己願意接受的療癒方式，讓自己得到平衡。

　　或許有人會問，擁有橙花特質的人是不是難和別人相處？其實不然，只要他的內心能夠得到平靜，嬌貴之氣就能化解，人際關係自然能夠平和。

⊱ 朱槿的療癒故事 ⊰

　　我有一位擁有朱槿特質的學生，雪倫。

　　雪倫就像是個活力用不盡的大女生，樂觀開朗，做什麼事都很積極，看到不公不義的事，第一個跳出來仗義直言的人絕對是她。雪倫從小父母離異，寄人籬下，也很早就進入社會。兄妹中就屬雪倫最樂觀，即使年紀最小，卻都是由她來決定生活中的大小事，也因為這樣使得雪倫很早熟，也很勇於面對生活。為了生存，雪倫可說竭盡所能地把時間都投入於工作；想必雪倫應該不會有經濟上的問題，但是卻因為她常為了別人兩肋插刀以及過於樂觀，到頭來，別人得到了好處，但自己卻常落得什麼也沒有。長久下來，讓雪倫對人有了戒心，而仗義直言的個性也常常做出許多衝動的事情，她常因而感到後悔。

　　在接觸了芳療之後，

她轉換了工作軌道，決定讓自己靜下來，切斷過去的束縛與枷鎖。這樣的轉變讓她吃了很多苦頭，但真正讓她在靈性上提升的，是在接觸花仙療癒占卜卡之後。雪倫很喜歡算塔羅、天使牌等，也相當有天賦，往往能給予別人很大的啓發。就在雪倫得到朱堇花仙的訊息後，開始重新認識自己，看見自己的盲點，在靈性上有了很大的轉變，也讓她在治療個案時有了很大的突破，使她更樂於付出，工作的成就感更大。

　　具有朱槿特質的人，樂觀、開朗，很會療癒自己，同時也喜歡幫助別人。在很多人眼中，只要有他們的地方就一定有笑聲。當然，這並不代表他們的內心沒有痛苦、沒有傷悲、沒有低潮，只是他們的觀念裡，只有歡笑和愉快的心情才能夠消除生活中的不愉快。

　　除此之外，他們有話直說，不管有什麼不愉快，很快就能夠消化，轉變成行動力，做自己有興趣的事。

　　朱槿特質的人除了具有積極的行動力外，也有很強的直覺力，只要擁有心輪的平衡力量，就不會讓人感到犀利和具侵略性。他們很願意付出自己，且生性聰明，學習力也快，因此可以成為很好的治療師。他們能利用朱槿特有的積極和向上的力量，療癒對生活或未來感到無助或無望的人們，為他們帶來最強大的信心。

∽ 百合的療癒故事 ∽

　　第一眼看到郁棠，我就覺得她是百合，整個人乾乾淨淨的，很討人喜歡。可是相處久了，我漸漸發現，她的人際關係似乎沒有我想像的融洽；除此之外，她還有個更嚴重的問題，就是丟三落四，也像是沒長記性似的，常常疏忽該交辦的事，對我造成很大的困擾。

　　這天，郁棠又因為忘記準備講師的上課資料，以及忘記通知學員上課時間更動，造成講師來了，課堂上卻空無一人的狀況，惹得講師怒氣沖沖的找我投訴。

　　「對不起，這是我的錯，我願意負全部的責任。」

　　這當然不是郁棠第一次犯這種錯了，每次碰到這樣的狀況，她就會表現出誠懇、負責的態度，讓我想罵也罵不出口。

　　不只是工作上，在人際關係上，她也是狀況頻頻。

　　類似這樣的事情在她身上經常可見，為什麼？最主要的原因就是她將自己的心輪關上了。

　　由於缺少心輪的力量，導致她無法感受到別人的關懷，也無法體會別人的心情。或許在某些人眼中，她是純真的、沒被污染的；但在某些人眼中，她卻是無知、甚至是冷漠的。

　　之後有一次她在上完百合工作坊後跑來找我，她說上課時，自己就好像回到家一樣：那是一個很大的植物殿堂，有很乾淨的

泉水，有一株株開得很美、很大的百合；她說，她一看到百合，就不斷的掉下眼淚。

其實，她就是其中一株百合，只是她是一株失衡的百合，需要被療癒。

因為關上了心輪，她失去了治療自己、療癒別人的力量；因為關上了心輪，她對世間的人情世故都沒有深刻的感覺；因為關上了心輪，她不是過於靈性，就是過於理性，忽略了反觀自己，真實的面對自己，活在當下。

就在郁棠得到百合能量的幫助後，生活上有了轉變，她開始能夠感受到自己和他人的情緒，人際關係上也獲得了很大的改善，工作能力也逐漸提升。由此看來，百合的能量，可以用來治療和郁棠有著相同問題的人，因為百合強調的就是心，可以協助我們明白與跳脫所有的負面情緒，同時也可以淨化我們的心輪，讓我們回歸真我。

6 脈輪與花精介紹

讀者在使用「花仙療癒占卜卡」之後，也可以進一步運用花精來輔助療癒。在使用花精之前，先認識花精和脈輪的關係，有助於整合這一系統的治療概念。

七個脈輪氣場

古印度醫療系統阿育吠陀（Ayurveda）中提到人體有七個脈輪，分別位於人體中心的各個部位，由海底輪到頂輪貫穿於身體，共分為七個脈輪氣場。此脈輪氣場如旋轉輪子，和身體的各個臟腑有所關連，因此又稱「氣輪」或「氣卦」。

第七脈輪 頂輪

第六脈輪 眉心輪

第五脈輪 喉輪

第四脈輪 心輪

第三脈輪 胃輪

第二脈輪 生殖輪

第一脈輪 海底輪

人體七脈輪與能量氣場體

　　音頻和植物能量以及許多治療方式，都會對脈輪產生影響。第一脈輪「海底輪」對應的是紅色，和我們的行動力以及排泄系統有關，也對應每個人在物質層面的能量。第一脈輪的中心點在會陰部位。

　　第二脈輪「生殖輪」對應的是橘色，和我們的創造力以及生殖系統、腸道有關，也影響一個人的生育能力。第二脈輪的中心點在恥骨上方。

　　第三脈輪「胃輪」，又稱「本我輪」，對應的是黃色，和我們的個人力量以及胃和消化系統有關，影響個人力量的展現。第三脈輪的中心點在胃部的中心部位。

　　第四脈輪「心輪」相對應的是綠色，是我們給予和接收愛之處，和心、肺相等臟腑有關，是連接上三脈輪（第五、六、七脈輪），和下三脈輪（第一、二、三脈輪）的重要脈輪。第四脈輪的中心點在胸口部位。

　　第五脈輪「喉輪」對應的是藍色，和個人的表達溝通能力，以及喉嚨、甲狀腺有關，影響個人喉、肩、頸部位。第五脈輪的中心點在喉嚨的中心部位。

　　第六脈輪「眉心輪」對應的是靛色，和個人的靈視力和感應力，以及直覺力有關，對應兩眉之間的第三隻眼，也和個人的決斷力和思考能力，以及腦下垂體有關。第六脈輪的中心點在兩眉之間。

第七脈輪「頂輪」對應的是紫色，和個人的靈性層面、療癒力，以及神經系統有關。第七脈輪的中心點在百會穴，也就是頭頂中心點的部位。

除了身體上對應的七個脈輪外，在人體周圍的能量體，也有同樣屬於氣場和靈性體上的七脈輪，所對應的脈輪位置和身體七脈輪的對應位置相同，只不過身體周圍的能量氣場，可以透過運用相對應脈輪的光、花精、音頻校正頻率，讓我們的身、心、靈得到平衡。

花精療法

花精療法主要透過植物能量訊息的傳遞，讓精微的能量對情緒、心靈產生影響。

現今有越來越多疾病根源於情緒。根據臨床研究顯示，情緒足以破壞血液中的活性物質，同時也危害免疫力及神經系統。花精能讓情緒改變並提升靈性的能量，在於透過能量共振的原理，協助個案放下不屬於自己、但卻緊抓不放的包袱，並學習照顧心理和情緒上的需求。唯有平撫潛意識的傷口，才能為生命帶來轉變，此為花精治療的主要目的。

使用花精對靈性的治療有很大的幫助，「訊息能量花精」對身體周圍脈輪的能量氣場更具有直接的影響。訊息能量花精主要是來自宇宙植物星光芽種子的高頻能量，可以透過生物能量場的

科學角度，以及浩瀚的宇宙觀，一窺究竟。地球所生長的植物，最初也是來自宇宙植物星光芽種子的訊息頻率，涵蓋光頻、音頻和植物訊息，因此，星光芽種子就代表著植物最初保有的完整高頻能量。每種不同的植物能量頻率，能對人體產生不同的作用。訊息能量花精是植物界帶給人類的治療與貢獻。

不同的花精系統

「訊息能量花精」有別於一般植物花精。目前國內有以實體植物萃取的花精，如巴哈花精等相關系統，可以在百貨公司或網站搜尋相關資訊購買。「訊息能量花精」則可藉由不同的花精系統網站獲得資訊。「訊息能量花精」所傳遞的植物界訊息能量，可以透過一系列不同的花精療癒工作坊，以及「花仙療癒占卜卡」的使用，讓個人產生自覺，這是「訊息能量花精」非常重視的部分。

藉由自覺才能夠讓我們轉念，心意識得到不同的洗禮後，才能真正的改變。也唯有透過覺察、覺照，進而覺悟，時時保有覺性的存在，在每個當下發揮自己的力量，不受負面情緒的影響。以這樣的理念，透過此療癒卡、花精以及花精音樂的結合，能讓使用者得到最大的幫助。

Deva Satya 薩緹亞訊息能量花精

「Deva Satya 薩緹亞訊息能量花精」能滋潤靈魂、讓心靈得到光、溫暖與引導，共有四十三瓶，含有四十二種植物能量，另加上一瓶急救花精。每種植物能量特別適用於特定的一至三個脈輪。

使用方法：

按壓 2～4 次，噴在身體周圍左、右、前、後、上方的能量場，以及相對應的脈輪或身體能量中心。

7 附錄

1. Deva Satya國際花精治療學院

　　學院主要提供訊息能量花精相關系列課程，可依照個人的生涯規劃，參與二天療癒占卜師、三天諮商師、五天治療師與二十一天講師的培訓課程，並協助投入相關領域與產業，如醫療、保健、美容、心理諮詢等，更將引導一般民眾重返自然、環保，達到身、心、靈合一的健康生活。

　　除了陸續開設花精相關課程外，還提供花精書籍、花精音樂治療、植物工作坊的研修課程，課程內容結合科學、靈性，以及人體生物能量場之概念，並以儀器輔佐，適合講求科學實證的現代需求。

　　學院的宗旨為協助大眾以自然、多元、有趣的方式，恢復身、心、靈的健康，並喚起對生命的正確認知與態度。

2. 課程介紹

∼ 花仙療癒占卜師培訓課程 ∼

　　你相信花仙子的存在嗎？你知道我們周遭其實隱藏著一個不可思議的世界嗎？人類要如何和花仙們打交道呢？他們又企圖告訴人類什麼樣的秘密呢？在浩瀚的花海樹林間，其實暗藏著許多奧秘。由花仙帶來的無形訊息，暗自在植物界中傳遞著，他們希望這些訊息能得到人類的注意。

　　每種植物都承載著特別的頻率與訊息，可以安定課程中介紹的不同情緒與失衡的心理狀態。透過占卜，詢問者可以清楚自己所處的狀態及個人處境的發展，在對人生感到迷惘時，也能藉此獲得一些指引方向及調整的方法，脫離目前表面上遭遇的困境。此外，牌卡所描繪的花仙子，都是來自宇宙植物界的高頻存在體，他們曾許下心願要協助整體人類提升靈性，因此，占卜時，詢問者可以透過祈請，接引來自植物界的療癒力，化解困頓自己的負面能量；也可以透過牌卡，找出個人現階段適用的花精，然後藉由花精頻率，清除障礙自己前進的阻力。

　　花仙療癒占卜師培訓課程是透過連結來自花仙植物的能量訊息，協助個人面對及了解問題，並幫助他人脫離困境，藉以得到指引並啓動療癒。

課程內容

＊祈請與冥想練習

＊花仙療癒系統的認識

＊連結高我與高頻植物能量學習

＊療癒占卜師牌卡能量訊息解讀

＊療癒占卜師特質養成

≈ 花精工作坊 ≈

- 與植物共舞

  想要了解植物究竟以何種方式和我們溝通嗎？

  想一窺植物世界的奧秘嗎？

  想要啟動植物療癒的能力嗎？

  想要接通來自宇宙間植物能量的訊息嗎？

  只要願意，透過「訊息能量花精」，植物界將會開啟一扇療癒之門！

- 花與靈的對話

  進入「訊息能量花精」的世界，方知宇宙的浩瀚

  這是一場與花對談的心靈饗宴，邀請您共遊花的靈性之旅

  活動內容

  ＊花精的靈性檢測與體驗　　　＊花精治療體驗

  ＊「訊息能量花精」說明與原理　＊花精治療與靈性冥想

  ＊「訊息能量花精」說明　　　＊花精療法的未來發展

≈ 花精初階培訓課程 ≈

　　如何擁有一面心靈的鏡子，照見情緒的洪流？讓我們一起深入靈性的世界，一窺究竟，打開心靈的療癒之鑰，接受來自宇宙星光芽種子的能量訊息。

課程內容

＊「訊息能量花精」的介紹

＊花精治療冥想

＊認識宇宙生物能量場

＊花精與氣場脈輪能量檢測

＊花精的運用與體驗

⊱ 花精諮商師培訓課程 ⊰

訊息能量花精帶您進入療癒的新紀元，宇宙能量生物場蘊藏著豐富的治療泉源，能協助個體開啓自癒的能量系統，迎接光與能量的時代。

課程內容

＊認識花精治療系統

＊能量花精冥想練習

＊認識能量花精與訊息能量場

＊能量花精療法與光的冥想

＊能量花精與氣場脈輪的關係

＊花精治療與諮商技巧

＊花精療法與心理治療的運用

～ 花精治療師培訓課程 ～

遠古時代，治療師是具備特殊療癒特質的人，被視為上天派來協助人類的能人，涵蓋了身、心、靈的療癒。他們的使命是從自己的生命經驗去認識各種治療方式。也許你天生就是一位治療者，在過去的歲月中曾經迷失、徬徨、不知所措，但也可能已經透過植物的管道，走在自己的人生道路上。準備好讓自己透過 Deva Satya Energy Essences 花精治療師的訓練課程，回到自己的崗位上，拿出勇氣、展現自己、發揮天賦。

課程內容

＊認識治療的技巧

＊了解宇宙生物能量場的訊息狀態

＊脈輪能量淨化——花精的運用

＊認識脈輪與人格特質

＊花精療程的認識與練習、認識光的管道與運用

（參加學員需受過諮商師認證）

活動地點：北、中、南不定期舉辦活動。

3.音樂介紹

　　花精治療音樂是植物界的音頻共振波動，除了會散發出療癒性的能量外，也傳遞著能夠根治現代人身體與心靈受苦的關鍵訊息——感謝與祝福的心念，藉此啟動最大的療癒力。歌者透過多年來運用植物能量的經驗，及個人與植物界的深刻淵源，在這個人類意識迅速提升、地球急劇轉變的世代，接引了來自植物界的聲音，以最真誠與懇切的心，透過純淨的聲音，表達出植物對我們最深的叮嚀與祝福。

花音悅語首部曲——紫金花療癒樂章

　　花精系列音樂首張發行的音樂為《花音悅語首部曲——紫金花療癒樂章》，以〈祈請〉〈紫金花〉與〈感謝〉三首樂曲為主。歌曲中所傳遞的能量與意念，適用於自我療癒或進行完整的個案療程。單純播放音樂即有助於提振空間的磁場。由於曲中的音頻乃源自於宇宙中的植物世界，能夠強化植物本身所具備的治療性能量，因此也適合在從事花草工作的場合播放。

Youtube Link：http://www.youtube.com/
watch?v=fSsbxdAIYSY&feature=related

4.畫家介紹

～ 洪瑞晨（Lameir）～

所繪的花仙療癒占卜卡

＊鳶尾花

　　洪瑞晨（Lameir）現就讀於台北藝術大學美術系，熱衷圖文並茂的創作形式。參與過《插畫市集306》，在高中時期出版過個人奇幻文學小說，目前邊就學邊從事自由創作。插畫基本以手繪方式進行，擅長華麗與頹廢的奇幻和唯美風格，酷愛文學，所以總寄望自己能擁有文學性的繪圖創作。

● Email：korts8th@yahoo.com.tw

～ 張智維（Wei）～

所繪的花仙療癒占卜卡

＊橙花、梔子花、金盞菊花、雛菊、百聖薊、桔梗花、蒲公英、長春藤、秋海棠、蘭花、雞冠花、朝鮮薊、金銀花、橡樹

　　張智維（Wei），國立彰化師範大學美術系畢業、台中市立西苑高級中學實習教師、台中縣立中平國民中學代課教師、彰化縣立伸港國民中學代課教師、聯成電腦 painter 講師。

　　很喜歡陽光，每當心情鬱悶的時候，看見陽光就有種希望又再次升起的感覺。所以總盼望自己畫出的畫面，有如同陽光般溫暖而平靜的感覺。

　　這次的精靈圖系列作品，每種花精都有各自的象徵意義，也如同陽光般具有療癒人心的力量。期待透過這一系列作品，帶給人們一股支撐心靈的力量，進而得到心中企盼的平安、喜樂。

● Email：monet89150@gmail.com

～ 朱修德（JHU, SIOU-DE）～

所繪的花仙療癒占卜卡

＊玫瑰、百合、藿香薊

　　朱修德（JHU, SIOU-DE），筆名「和介」，曾擔任「肆覺共鳴」創意工作室副召集人，現任「空鳴」動漫創作團隊總召集人。

　　1990 年出生，自幼跟隨台灣藝術家朱意萍老師學習繪畫，

高職進入美工科、並受國際知名插畫家梁月老師指導電腦繪圖至今。創作風格偏好奇幻插畫、非人系，尤其偏好龍、魔獸等設計。除此之外，美式風格、日系二次元、電玩設計風格、言情小說類均有所接觸，以 CG 電腦繪圖為主要創作媒材。

◦﹀楊凱翔（YANG, KAI-XIANG）﹀◦

所繪的花仙療癒占卜卡

＊罌粟花

楊凱翔（YANG, KAI-XIANG），筆名「鳩」，曾擔任「肆覺共鳴」工作室總召集人，現任「空鳴」動漫創作團隊副召集人、嶺東 IDTC 數位創育中心研究生。創作風格乃專攻 3D 動畫設計，帶有張力的奇幻想像，主題多元，機械、魔獸、唯美式不等。擅長遊戲製作，結合 3D、2D 與視訊特效。除此之外，美式風格、電玩設計均有。

● Email：s2k128@yahoo.com.tw

陳韋辰 （Peter Cartoon）

所繪的花仙療癒占卜卡

＊油桐花、杜鵑、水仙、芥蘭花、火鶴、紫陽花、朱槿、
岩蘭草、銀杏、夾竹桃

陳韋辰（Peter Cartoon），目前為自由插畫工作者，曾擔任世界展望會中區青年團美宣，製作第 20 屆飢餓三十大會師動畫，作品曾刊於《插畫市集 306》，於 2007 年 Corel 創意設計大獎插畫獲優選，也曾為桃園國軍醫院、中區職訓中心企劃案、地下樂團設計 logo。

陳顯映（River Chen）

所繪的花仙療癒占卜卡

＊孤挺花、波思菊、非洲鳳仙花、雪松、山茶花、九重葛

陳顯映（River Chen），新北市新店人，曾從事各種行業，喜愛旅行；現為專職平面設計師及插畫家。從有記憶以來就喜愛塗鴉，所有的課本、作業本被都畫滿插圖、漫畫。對神秘未知的事物、心靈的領域，充滿好奇與探究的熱情，希望透過圖像傳達

出深層的人文意涵，並將這種能量注入到所有創作之中。喜歡多方嘗試各種風格與素材，不斷挑戰新的主題。代表作有：《諾母精靈系列繪本 1-2》（文字／繪圖）《諾母精靈的機械世界》《諾母精靈的動力世界》；繪本《Lou the Cat 貓咪露》（文字／繪圖）《吉米＆卡卡歷險記 1-3 集》（文字／繪圖）等。

～ 邱懷智（Delfin.huai）～

所繪的花仙療癒占卜卡

＊馬纓丹

　　邱懷智（Delfin.huai）從動手畫畫的簡單夢想開始，同時也是芳療師，藉由雙手不斷嘗試學習。

～ 蔣文玲／綺羅（chiiluo）～

所繪的花仙療癒占卜卡

＊紫羅蘭、蓮花

朝陽科技大學傳播藝術系畢。興趣為繪畫、閱讀、電影欣賞及戶外踏青等。畫圖對她而言是玩樂、是情感的抒發，同時也是一件開心的事！喜歡研究各式畫法，期望作品更具有多元性。創作時特別著重在光影變化上的描繪，目標是營造出有如電影劇照般的氣氛。畫風融合奇幻與寫實，呈現夢幻優美的意境。

- Email：ewind@seed.net.tw

鄭松益（御風飄雲）

所繪的花仙療癒占卜卡

＊七里香、鳳凰花

聯成學員、《瘋設計尬創意 2》繪者之一。喜歡塗鴉、畫畫。不是傳統科班出身，但從小學至今喜歡畫畫的熱忱依舊。在聯成電腦接觸到 painter，讓他對畫畫的熱忱更加堅定。在聯成講師的教導下，對於構圖的掌握漸漸有了方向、色感及對人物的美感。每次畫完一張圖，都會比較是否比上一張進步？構圖、用色、人物的美感是否更加完整？

個人較崇尚遊戲人物的味道及美感，好比「太空戰士」之類，一直朝此領域而努力。

- Email：uv615211@yahoo.com.tw

∞ 胡嘉倫 ∞

所繪的花仙療癒占卜卡

＊白牡丹

1987 年生，就讀於國立東華大學藝術與設計學系。聯展：2008 秋季美展（花蓮）；2009 東方不敗設計展（花蓮）。個展：2009 胡嘉倫作品成果展（花蓮）。

由於就讀於藝術學系，在學習上受到傳統美術的薰陶，以及手繪創作的訓練，在繪畫技巧上有一定的基礎。近一年來，創作方式漸漸由手繪改至電腦繪圖創作，發覺此創作方式更能達到所要求的擬真寫實目的。擅長電腦繪圖軟體的應用，喜歡奇幻帶點華麗的風格。

- Email：dolce42823@hotmail.com

∞ 莊志功（Z-KO） ∞

所繪的花仙療癒占卜卡

＊紫金花

　　國內外知名廣告、遊戲公司專案合作的插畫家／設計師。在舊金山生活了七年，參與《鋼鐵人》、《X戰警3》等多款遊戲製作。擅長奇幻、療癒系畫風。作品裡對於光線的運用特別敏銳。目前是全職的插畫家／設計師。

誌謝

這本書得以出版，是許多朋友、家人的協助以及支持和鼓勵，我非常感謝他們，尤其是下列幾位朋友：

Deva Satya 讓我能夠成為植物守護能量──花仙的代言人，如果沒有她，我無法有此榮幸，將此能量訊息傳承介紹給大家。

Sherry 的鼓勵以及支持是促成此書能夠問市最主要的原因，我和 Deva Satya 都很感動她無私地給予各方面的資助，她的意見使得這本書的品質有了很大的提升。

意靜、郭大哥一再給我很大的信心，他們對植物的信念，深深地感動了我，讓我有了更大的動力。

小穗、欣儀、丹幃、錦雲，以及公司所有的同仁，謝謝你們的幫助以及陪伴。

莊志功、李福源教授最初對此書牌卡的大力支持，慷慨貢獻自己的作品，以利後續牌卡的繪製，和國內多位優秀創作畫家的心血，才能讓此副牌卡完整呈現。

我摯愛的家人們和乖巧可愛的女兒──Betty、Lulu、Angela，因為你們的包容和付出，我才可以順利的寫作，我愛你們。

我的心靈導師和許多默默支持我的人，這份心靈穩固的力

量，使我更堅定、無懼的完成使命。

感恩植物的守護神祇——花仙們，因為廣大的願心以及願意幫助眾人解決身、心、靈的煩惱，帶來的這份療癒能量，提供我們擁有更多改善自己和他人的機會。

最後，要感謝美欽、嘉芳對於此書的認同，以及謝謝橡樹林出版社和所有的工作人員，以身為專業的出版人為這本書的用心。

JP0207X	龍神卡——開啓幸福與豐盛的大門（38張開運神諭卡＋指導手冊＋卡牌收藏袋）	大杉日香理◎著	699 元
JP0208	希塔療癒——你與造物主：加深你與造物能量的連結	維安娜・斯蒂博◎著	400 元
JP0209	禪修救了我的命：身患惡疾、卻透過禪修痊癒的故事	帕雅仁波切、蘇菲亞・史崔一芮薇◎著	500 元
JP0210	《心經》的療癒藝術：色與空的極致視覺體驗	葆拉・荒井◎著	1,000 元
JP0211	大地之歌——全世界最受歡迎的獸醫，充滿歡笑與淚水的行醫故事	吉米・哈利◎著	680 元
JP0212	全然慈悲這樣的我：透過「認出」「容許」「觀察」「愛的滋養」四步驟練習，脫離自我否定的各種内心戲	塔拉・布萊克◎著	550 元
JP0213	徒手氣血修復運動——教你輕鬆練上焦，調和肌肉與呼吸，修復運動傷害、遠離長新冠！	李筱娟◎著	550 元
JP0214	靈魂出體之旅——對「生命」根本真理的探索記錄	羅伯特・A・門羅◎著	600 元
JP0215	人，為何而生？為何而活？	高森顯徹、伊藤健太郎、明橋大二◎著	480 元
JP0216	祖靈的女兒——排灣族女巫包惠玲 Mamauwan 的成巫之路，與守護部落的療癒力量	包惠玲、張菁芳◎著	460 元
JP0217	雪洞——一位西方女性的悟道之旅	維琪・麥肯基 (Vicki Mackenzie)◎著	480 元
JP0218	在故事與故事間穿越——追隨印加薩滿，踏上回家的路	阿光 (游湧志)◎著	480 元
JP0219	七界：希塔療癒技巧的核心思想	維安娜・斯蒂博◎著	550 元

眾生系列　JP0059X

花仙療癒占卜卡：42 張花仙卡＋書＋花精音樂 QR code ＋絨布袋

作　　　者／張元貞
編　　　輯／徐煖宜
內 頁 排 版／歐陽碧智
封 面 設 計／塵世設計
業　　　務／顏宏紋
印　　　刷／中原造像股份有限公司

發　行　人／何飛鵬
事業群總經理／謝志平
總　編　輯／張嘉芳
出　　　版／橡樹林文化
　　　　　　城邦文化事業股份有限公司
　　　　　　台北市南港區昆陽街 16 號 4 樓
　　　　　　電話：(02)25000888 #2737　傳眞：(02)25001951
發　　　行／英屬蓋曼群島商家庭傳媒股份有限公司城邦分公司
　　　　　　台北市南港區昆陽街 16 號 8 樓
　　　　　　客服專線：(02)25007718；(02)25007719
　　　　　　24 小時傳眞專線：(02)25001990；(02)25001991
　　　　　　服務時間：週一至週五上午 09:30 ～ 12:00；下午 13:30 ～ 17:00
　　　　　　劃撥帳號：19863813；戶名：書虫股份有限公司
　　　　　　讀者服務信箱：service@readingclub.com.tw
　　　　　　城邦讀書花園網址：www.cite.com.tw
香港發行所／城邦（香港）出版集團有限公司
　　　　　　香港九龍土瓜灣土瓜灣道 86 號順聯工業大廈 6 樓 A 室
　　　　　　電話：(852)25086231　傳眞：(852)25789337
　　　　　　E-mail：hkcite@biznetvigator.com
馬新發行所／城邦（馬新）出版集團【Cité (M) Sdn.Bhd. (458372 U)】
　　　　　　41, Jalan Radin Anum,Bandar Baru Sri Petaling,
　　　　　　57000 Kuala Lumpur, Malaysia.
　　　　　　電話：(603)90563833　傳眞：(603)90576622
　　　　　　E-mail：services@cite.my

初版一刷／2011 年 4 月
二版一刷／2024 年 4 月
ISBN ／ 978-626-7219-99-7
定價／ 899 元

城邦讀書花園
www.cite.com.tw

國家圖書館出版品預行編目資料

花仙療癒占卜卡：42 張花仙卡＋書＋花精音樂
QR code ＋絨布袋 / 張元貞著 . -- 二版 .一臺
北市：橡樹林文化，城邦文化事業股份有限
公司出版：英屬蓋曼群島商家庭傳媒股份有
限公司城邦分公司發行 , 2024.04
　　面；　公分 . --（眾生系列；JP0059X）
ISBN 978-626-7219-99-7(平裝)

1. 占卜　2. 自然療法

292.99　　　　　　　　　　　113001180

❀Deva Satya❀
國際花精治療學院

　　薩緹亞國際能量花精學院成立於二○○九年，學院主要提供訊息能量花精相關系列課程。有心成為治療師者可依照個人之生涯規劃參與二天占卜師、三天諮商師、五天治療師，與二十一天講師的培訓課程。課程內容結合科學、靈性，以及人體生物能量場之概念，並以儀器輔佐，適合講求科學實證的當代需求。

花仙療癒占卜師培訓課程（2天）

　　在兩天的花仙療癒占卜師培訓工作坊中，除了基本的占卜技巧外，您將知道植物療癒系統運作的方式，也會學到如何與高頻植物能量連結，啟動自我療癒的能力，回歸個人中心。

薩緹亞訊息能量花精諮商師培訓認證課程（**3**天）

　　課程內容包含認識花精治療系統、能量花精冥想練習、能量花精與訊息能量場的說明、能量花精療法與光的冥想、能量花精與氣場脈輪的關係、花精治療與諮商技巧，以及花精療法與心理治療的運用。適合參加的對象：欲成為花精諮商師者、目前或未來欲從事心理諮商、治療者、對心理、情緒、靈性工作感興趣者、熱愛大自然與從事植物相關工作者。

薩緹亞訊息能量花精五天治療師培訓認證課程(**5**天)

　　課程內容包含治療技巧的認識、了解宇宙生物能量場的訊息狀態、脈輪能量淨化——花精的運用、認識脈輪與人格特質、花精療程的認識與練習，以及認識光的管道與運用。適合參加的對象：受過薩緹亞能量花精諮商師培訓，而有心深入此系統者。

Deva Satya
ENERGY ESSENCES